经营之圣 人生之师

稻盛和夫记

一个通过光明大道获得巨大成功的典范
一个纯粹的理想主义和彻底的现实主义完美结合的典范

曹岫云 著

人民东方出版传媒
东方出版社

目录

引言　稻盛哲学的两大特点　001

著名学者季羡林先生与稻盛和夫素昧平生，只是读了稻盛所著《新日本新经营》一书后，就下断语说："根据我七八十年来的观察，既是企业家又是哲学家，一身而二任的人，简直如凤毛麟角。有之自稻盛和夫先生始。"

风靡世界　010

随着京瓷成为跨国性企业，稻盛的哲学不仅传到了世界各地京瓷的几万名员工身上，而且通过"盛和塾"1万多名企业家塾生及他们的员工，稻盛哲学的影响正在日本、美国、巴西、中国等地扩大，很有点"风靡世界"的意思。

伯乐和千里马　014

平井先生是一位伯乐。但还有一位伯乐，比平井还早10年就一眼发现了稻盛这匹千里马。他就是吉田源三先生。

恩师 018

说到内野先生，就会唤起稻盛深深的怀念，稻盛称他为恩师，因为他也是稻盛人生道路上重要的引路人之一。

哭的理由 022

在这哭以及哭的理由转变中，可以看见这小孩的倔强以及他的感性。

隐蔽念佛 026

"我不懂基督教和伊斯兰教的教义，在祈祷时，不管是在教堂还是在清真寺，我都会双手合十，低声诵吟'南曼、南曼、谢谢'，这种感恩之心一直保持到今天。我想，正是这种虔诚的感恩之心才造就了今天的我，造就了今天的京瓷。"

母亲 029

"拖着冻得半僵的身子回到家里，母亲早已煮好了热腾腾的赤豆年糕粥在等我，那热粥冒出的香气里充满了母亲深情的爱。我一言不发，脸贴近碗，贪婪地吃起来。母亲带着温和的笑脸，在一旁注视着我，那情那景，历历在目，终身难忘。"

"五十钱"和"一钱秃" 032

这两件事留在了稻盛的记忆里，让他学会了"听话听声，锣鼓听音"，就是要弄明白人家话语里的真实意思，不要主观随意地用自己的尺度去衡量别人。

为正义挨揍 036

那个年代鹿儿岛传统风气浓厚，晚辈不可顶撞长辈，遭长辈教训而敢回嘴，就立即被斥责："不许顶嘴！"所以当时稻盛受到制裁理所当然。但是稻盛心里不服："正义何在？"尽管挨打，还是敢于直视老师那张狂怒的脸。

肺结核的教训 041

人的心、人的心态或者说人的意识，对健康乃至对人生具有多么重大的意义！刻骨铭心的生死体验之际，《生命的实相》中许多富有哲理的话给了稻盛前所未有的冲击，让还是孩子的稻盛有了人生第一次重大的、深入灵魂的自我反省，让他开始理解人生最重要的真理。

战争 045

房子烧掉了，印刷机炸碎了，而稻盛的病却在奔波逃难中慢慢好转。战争、疾病、亲人死亡、升学落第，种种挫折考验着少年稻盛，也使稻盛逐渐成长。

卖酒求生 048

第二次世界大战后鹿儿岛市中心已成一片废墟。稻盛家在避难地附近借房住下，在那儿他们开始偷偷地酿造烧酒放在地板下面。

卖纸袋初露商才 051

把纸袋卖给各家店铺。开始是走到哪里卖到哪里。后来稻盛发现这样做效率不高，于是就将鹿儿岛市区分为七块，每周七天，每天只去一处，如此循环。

两件倒霉事 055

　　这两件事稻盛看得很重，自己心思不正、行为不当，才弄得自己狼狈不堪、被人蔑视，自己的思想行为和结局之间，存在一种因果关系。稻盛日后建立起"作为人，何谓正确"的判断事物的基准，并严于律己，不管大事小事决不违规，就与学生时代的这些挫折有关。

"阪大"落第 058

　　鹿儿岛大学后来也成了国立大学，稻盛选择了工学部应用化学科中与医药相关的有机化学专业，打算先学一年，第二年再考"阪大"。但这实在是脱离现实的空想，依当时稻盛的家庭情况，上鹿儿岛大学已经够呛，哪有再考的条件。

自己曾是个"小男人" 061

　　"人家一片好意，掏钱让我去玩，要让我快乐，我却不快乐，输了说走就走，一点不顾人家的面子。这样看来，自己还真是一个器量狭窄的小男人，离成熟的男子汉还差得远呢。"

求职难 065

　　危机常常孕育机会。稻盛后来回忆这段经历时说，自己日后在精密陶瓷领域内创业并获得成功，与当时严峻的就业形势分不开，与害怕失业因而发愤学习分不开。就是说，就业难反而促使他为走向成功创造了条件。

辞还是留 070

　　继续发牢骚，一味怨天尤人，除了使心情更加消极之外，没有实际意义。与其如此，不如摆脱不良情绪，埋头于眼前的研究开发，把本职工作先做好再说。

转机 075

在这个过程中，不知从何时起，稻盛就深深地为新型陶瓷的魅力所吸引。而且渐渐明白，新型陶瓷中秘藏着不可思议的、美好的前景。

洗刷罐磨机 078

那位先辈只是一位脚踏实地、默默无闻的技术员，但是他那一丝不苟、认真洗刷器具的背影却教给了年轻的稻盛重要的道理。

喜形于色 081

"我们就要为小小的成功而高兴，这样才能给我们增添新的勇气。所以不管你说我轻薄也好，轻率也好，有一点小小的成功，我就会从内心感到喜悦，我不掩饰这种喜悦，我要过一个乐观开朗的人生。今后我照样要为小小的成功而开心，并由此把工作向前推进。"

京都人和鹿儿岛人 084

要做一个出色的经营者，要成就一番事业，光有热情和豪爽还远远不够，还必须具备京都人冷静而坚韧的气质，这一点特别重要。

冷峻的大久保 088

当新闻记者采访稻盛，问稻盛对"为达目的不择手段的大久保如何评价"时，稻盛对大久保的历史作用和他冷峻务实的作风作了高度评价，并对记者说："我不喜欢你所谓'为达目的不择手段'这种提问的方式。"

绊跤得灵感 091

"在我偶然绊上松香树脂容器的一刹那，上帝给了我启示，让我产生'思想的闪光'。上帝看到我日日夜夜、呕心沥血、苦苦钻研的样子，心有不忍，可怜我，故意让我绊跤，赐予了我最高的灵感，我想事情就是这样。"

晓以大义名分 095

稻盛一遍又一遍，向部下反复诉说工作的意义，阐述艰苦的劳作中包含的"大义名分"，让大家为自己的工作感到自豪。因为总是在下班时才开始讲解，所以等到讲完，往往已经夜深，但大家总是很专心，听得津津有味。

禁止加班 099

稻盛不能认同这种不良的风气，他旗帜鲜明，坚决反对。别的部门空闲却加班，而"特磁科"在松下订单增加、任务繁忙之际，稻盛却在科内提出"禁止加班"的口号。

拒绝罢工 102

"我不想阻碍工人运动，也从不讨好公司老板，更不是什么走狗内奸。我只想以新型陶瓷来重建公司，我不愿看到刚刚点燃的希望之光因罢工而遭扑灭。"

直面批斗 106

"各位，你们了解这个人吗？你们知道他的工作表现吗？如果明知他工作很差、没有责任心,你们还要支持他,为他辩护,称赞他善良,认为他对、我不对,那么我马上就辞职。不过我要告诉你们,如果你们是非不分,一味维护懒惰落后的人,企业是要垮台的,你们工会也会垮台的。"

辞职创业 109

为了把大家的决心聚集并固定下来,稻盛提议大家歃血为盟,众人一齐附和。于是写下如下誓言:"我们能力有限,但我们决心团结一致,努力奋斗,为社会、为世人作贡献。在此我们以血盟明志。"

瞄准世界第一 116

"纵使是不自量力的梦想,是看似高不可攀的目标,还是要在胸中牢牢树起这个目标,在大家面前揭示这个目标,这一点非常重要。为什么?因为人本来就具备使梦想成真的巨大的潜力。"

用百米赛速度跑马拉松 119

"以百米赛的速度跑马拉松,或许中途倒下,或许跑不动了落伍。大家这么讲过,我也这么想过。但是,与其参加没有胜算的比赛,不如一开始就全力以赴,即使坚持不长,也要挑战一下。幸运的是,不知不觉中我们居然适应了高速度,用这高速一直跑到了今天。"

税是成本 122

税金是费用,是社会成本,是企业应做的社会贡献,只有税后利润才是企业经营真正的成果,才是真正的企业利润。

如果骗你们，可以杀死我　　　　　　　127

"你们既然有勇气辞职，希望你们更有勇气相信我，我拼上命也要把事业做成。如果我对经营不尽责，或者我贪图私利，你们觉得真的受骗了，那时把我杀了也行。"

松下哲学　　　　　　　　　　　　　132

松下所说"首先你必须得这么想"这句话，稻盛的理解是："你说你也想让自己的经营有余裕，但是怎样做才能使经营有余裕，方法千差万别。你的企业一定有适合你企业的做法，我无法教你。但是经营绝对要有余裕，你自己必须认真去想，认真去思考，这种思考才是一切的开始。"

调动潜意识　　　　　　　　　　　　135

这种场合，原不过隔桌饮酒，萍水相逢。然而，强烈愿望既然已经浸透到潜意识，即使不经意之间，也能将偶然邂逅变作良机，导致事业成功。这是潜意识的功劳。

打架凭胆量　　　　　　　　　　　　138

"有人或许认为我不惜打架是蛮勇，但这时候头头必须挺身而出，即使拼命也要上。如果我这时沉默退却，在一瞬间，就会丧失员工对我的信赖。打架不只是比力气，更是凭胆量，不害怕，奋勇向前就不会输。"

擒贼搓绳　　　　　　　　　　　　　142

捉到小偷以后再搓绳子，最有效率。也就是说，接到订货之前就忙着准备设备，最终会产生浪费，接到订货以后再准备设备最切实可行。

抱着产品睡 146

"不管时代怎么进步，如果缺乏'抱着自己的产品一起睡'那样的感情，在工作中，特别是向新的、难的课题发起挑战时，就无法从心底品尝到那种成功时醍醐灌顶的滋味。"

将它压住！ 149

炉内是一千几百度的超高温，手实际上伸不进去，尽管如此，稻盛先生无意识中还是不知不觉就想把手伸进去。因为不让它变形的强烈愿望，在他内心造成了巨大的压力。

工业品还是艺术品 152

做到"完美"固然很难，但是只有认真追求"完美主义"的态度和努力，才能减少错误的发生。当然就是追求尽善尽美，也不可能完全消灭差错，尽管如此，却决不能认为99%正确就行。

能力用将来时 154

稻盛先生有一个"能力要用将来进行时"的重要观点。创业初期从客户处拿到的新订单，全是当时的技术能力做不到的，但是经过一段时间的努力，比如半年，提高了能力就一定能做到，他抱着信念向客户作出保证。

"最佳"还是"完美" 157

稻盛先生认为，制造业的精髓在于"完美"。即使同别人比较是"最好的东西"，但只要有一丁点瑕疵，就可能全部报废，所以必须做到尽善尽美。

袁了凡的人生观 160

稻盛非常喜欢袁了凡的故事，从这个浅显而寓意颇深的故事中，稻盛归结出一种重要的人生观，就是我们每个人的人生无非是由两条法则组成，一条是命运的法则，另一条是因果报应的法则。只要坚持运用因果报应的法则，我们的人生一定会朝好的方向转变。

命运的轮回 165

受救助者一变而为救助者，当事人感触良深："一个被救助的人，现在成了救助别人的人，我感悟到一种命运的轮回。当初受到的恩惠，如今通过重建'京瓷三田'的机会，得以回报，我感到由衷的喜悦。"

天堂地狱一纸隔 168

只考虑自己，还是先为对方着想，这决定了我们的人生是在天堂还是在地狱。

白乐天悟道 170

稻盛认为"诸恶莫做，众善奉行"这种"连三岁的小孩也会讲的道理"，不但那个时代八十岁的老人做不到，就是现代社会许多大企业的经营者也做不到。

才能不可私有化 172

"才能属天赐，不得据为己有。才能由上苍偶然授予自己，上苍要求将它回报世人、回报社会。将它视作私人资产而独享恩惠，就违背了上苍的意志。我应该将自己的才能贡献给员工、股东、客户以及社会。"

大善似无情　　　　　　　　　　　　　　　　　　　　175

稻盛相信"善有善报、恶有恶报"的"因果报应的法则"。而且，稻盛认为善有大善、小善之分。迁就朋友的不合理要求，这种"小善"是帮他的倒忙，让他越陷越深，同时往往让你自己也陷入困境。

美国政府的担心　　　　　　　　　　　　　　　　　　178

"美国政府对多层 IC 封装大部分都要依靠京瓷供应表示担心，一旦发生国际纠纷，万一京瓷中断供应，美国的半导体产业就无法运行，所以美国政府指示，要想办法美国自己生产。"

石油危机　　　　　　　　　　　　　　　　　　　　　181

萧条期开发新产品，并不是手忙脚乱去开发全新的东西，利用自己过去做过的东西去唤起新的需求是完全可能的。在自己公司的技术、产品的延长线上开发出新产品，这是在萧条期应该努力去做的。

开发太阳能　　　　　　　　　　　　　　　　　　　　185

"我们在这个领域摸爬滚打了几十年，后进者似乎得了便宜。但是从积极的角度讲，由于我们长期艰苦的努力，全世界开始觉醒：大家都来重视于地球有益的自然能源的开发，大家都来保护地球环境。这种转变应该值得我们高兴和自豪。"

痛苦证明活着   191

"你痛苦，那是因为你还活着。如果你死了的话，就没什么苦恼了。正因为活着才会有苦恼，这不是件好事吗？"

赴美查账   195

见到京瓷的一位派驻人员也是理工科出身，英语也说不好，却一人担任从营业到财务等多项事务。宫本心想肯定有问题。但核查结果令他吃了一惊，钱、物、账全部一一对应，连保险箱的现金与账册也分毫不差。宫本从此对京瓷刮目相看。

螃蟹打洞   198

稻盛认为"螃蟹只会比照自己的壳的大小挖洞"，企业发展的水平，取决于经营者的品格，也就是经营者"器量"的大小。

"和魂洋才"   201

既然企业办在美国，"入乡随俗"，在工资体系、风俗习惯、管理方式上只能是美国式的，或与美国接近，但是在企业经营的根本原则上，在核心的价值观上，仍然坚持日本的、特别是京瓷的理念。这就是所谓"和魂洋才"。

企业跨国婚姻   206

稻盛先生认为，他这一系列决断，既不是出于什么算计，也不是感情用事。收购合并是两种文化完全不同的企业合二为一，是企业与企业结婚，应该最大限度为对方考虑。

堂吉诃德战风车 211

"从世界范围来看,日本的长途话费因为垄断贵得出奇,降低长途话费,为民众作贡献,不正符合我的事业目的吗?这样的事由我们京瓷来干,不是最合适不过吗?"

神灵附身 217

本来产品以及服务的价格,要在考虑市场供需平衡、投资额回收等基础之上,通过复杂细致的成本测算之后才能确定。但在这一切实施之前很久,在稻盛先生的头脑里却已经有了一个清晰的概念,以至那位本部长后来惊奇万分:"这太神了,简直是神灵附身!"

京瓷与丰田 219

稻盛第一次主动向丰田让步,第二次说服丰田向自己让步。这种决断或者判断的基准就是所谓哲学。虽然他没有用哲学这两个字,但整个过程,包括稻盛所讲的道理中都充满着哲学。

赎罪报恩 223

对于拥有如此优秀文化的冲绳,萨摩藩却曾经从政治上压迫他们,从经济上剥削他们。稻盛作为一个具有萨摩藩血统的人,有一种负罪感,总想对他们说一声"真的对不起"。同时又有一种赎罪的心理,能不能用某种方式给冲绳以补偿呢?

"京都奖"有感 227

科技进步、经济发展与人的精神道德的衰退或停滞,这是当今世界的一个尖锐而深刻的矛盾,"京都奖"的理念、稻盛哲学就是解决这一矛盾的最有力的武器。

引言　稻盛哲学的两大特点

著名学者季羡林先生与稻盛和夫素昧平生，只是读了稻盛所写《新日本新经营》后，就下断语说："根据我七八十年来的观察，既是企业家又是哲学家，一身而二任的人，简直如凤毛麟角。有之自稻盛和夫先生始。"这是1995年即23年之前的事。

季老先生可谓独具慧眼。

然而，无独有偶，伯乐式的人物在52年前就曾出现。稻盛34岁，京瓷（京都陶瓷公司）成立刚刚7年，有一位与稻盛仅一面之见的平井老先生赠稻盛一首和歌，其中写道："你那IDEIA（哲学）/不久将会/风靡世界……"

再往前推10年，1956年稻盛24岁，在松风工业打工时，当时的一位大人物，三井物产的吉田先生，也是第一次见到稻盛，听了稻盛对公司经营的看法后说："年轻人，真不简单，你已经有了自己的Philosophy（哲学）。"

再往前，鹿儿岛大学著名教授内野先生没教过稻盛一天课，也不认识稻盛，仅仅读了稻盛的毕业论文，就对稻盛大加赞赏，后来成了稻盛的恩师。

还有一位宫木电机公司的专务西枝先生，时年55岁，他同当时仅26岁的稻盛见面谈话后，不仅出资帮助稻盛成立公司，而且竟用自家的房屋土地作担保向银行借了1000万日元，充当公司的流动资金。可见稻盛身上有一种怎样的魅力。

"盛和塾"1万多名企业家，大都也是只听过稻盛一次讲演，就为他的魅力所吸引，乃至长期追随。

2001年10月28日，在天津第一届"中日企业经营哲学国际研讨会"上，我第一次见到稻盛和夫先生，聆听了他的"经营为什么需要哲学"的讲演。因为我懂日语，能看懂他的原稿，能听懂他的原话，同时自己也是经营者，所以，或许我能更确切地理解稻盛讲演的精髓和价值所在。当时我内心禁不住产生一种强烈的感动和深刻的共鸣。

这种感动和共鸣既不是因为稻盛被称为"经营之圣"的名声，也不是他一手创建两家世界500强企业的业绩。触动我的是他的哲学，这种哲学不仅影响我们企业的经营，而且直接影响到自己怎么做人，影响到自己生活的每一天。

听了稻盛的讲演，我产生了一种邂逅人生真理的惊喜，用"众里寻她千百度，蓦然回首——那人却在灯火阑珊处"这一句古词来形容，很是确切。

后来同稻盛接触多了，听了他多次讲话，读了他许多著作，我觉得稻盛不愧为"企业家中最出色的哲学家，哲学家中最出色的企业家"。

在近代历史中，在现今这个世界上，有许多出类拔萃的企业家，其中有的人名气在稻盛之上，比如美国的比尔·盖茨是一个家喻户晓的人物，他和他创建的微软公司，改变了人类的生活模式，加速了社会的信息化进程，他是一个天才。比尔·盖茨还热心慈善事业，把自己创造的财富回馈社会。他当然也有很好的企业经营理念，但他的贡献侧重在信息技术方面，关于人的精神规范、企业伦理、经营哲学的研究，不是他的特长，他周围也没有类似日本"盛和塾"这样的企业家的学习型组织。所以没人把比尔·盖茨称为哲学家。他是科学家兼企业家。

松下幸之助是日本最有代表性的企业家，他对企业经营、对人生有深刻的哲学的思考。稻盛非常钦佩松下，从松下那里受到许多启示。但对经营哲学、人生哲学进行更系统的思考，形成一种内容丰富的、完整的学说，并让全体员工共同拥有、共同实践，而且用"经营塾"的形式在日本国内外传授，成为几千名企业家的人生之师，稻盛之前无古人，稻盛先生是一个划时代的人物。稻盛先生不是最著名的企业家，但他却是"企业家中最出色的哲学家"，这种说法符合实际。

如果说比尔·盖茨的成功很大程度上仰仗他个人的天分，那么稻盛的成功主要靠他的哲学。天才是个别的，不可模仿，没有普遍性。哲学有普遍性，好的哲学可以为人们所共有。

人类历史上有许多著名的哲学家、思想家，例如古希腊有苏格拉底、柏拉图，德国有康德、黑格尔、马克思，中国古代有孔孟思想、有日本人也很推崇的"阳明哲学"等等。但在英国工业革命之前，世界上没有现代意义上的企业和企业家，而近代和当代哲学家中也没有出名的企业家，更没有创建了世界500强企业的企业家。稻盛虽然不是最著名的哲学家，但说他是"哲学家中最出色的企业家"这句话也是对的，没有问题。

稻盛哲学与一般概念上的哲学有很大的不同。我认为与别的哲学相比，稻盛哲学的一个显著特点，是它的实践性。稻盛哲学是稻盛从实践中总结出来的。当然稻盛哲学中还包括了古今东西先贤们的智慧，但稻盛的亲身实践是第一位的，对这种实践的深刻思考才产生了稻盛哲学。

稻盛从松风工业四年的工作实践中，特别是从后来经营京瓷的实践中，悟出了"京瓷哲学"，从语录开始逐步形成一种理论，再用这种哲学和理论指导京瓷及后来的第二电信电话公司（DDI，合并后称KDDI；简称第二电电）的经营实践。京瓷和KDDI的成功实例又反过来证明了这个哲学的正确性。

稻盛是哲学家，所以他能够把自己经营企业的实践提升到哲学的高度。这是其他企业家做不到的。稻盛是企业家，所以他可以将自己的哲学思想直接贯彻到经营实践中去，并用实践的结果即企业实绩来证明这种哲学的正确有效，使这种哲学成为有说服力的、有普遍意义的真理。这是其他哲学家不能马上做到的。

这个世界上存在真理，稻盛哲学表达了这种真理，不管是谁，只要认真实践这种真理，就能取得人生和事业的成功。这个实践性的特点与许多学校课堂上从理论到理论、从概念到概念的所谓"经院式"哲学有很大的不同。

稻盛哲学的第二个特点是强调并突出人的思想观念、人格道德、精神规范的重要性，就是强调所谓"思维方式"的决定性作用。

稻盛认为物理学研究有关物质的道理，结果带来了科学技术的发展，给人们带来了物质的富裕。

但人们还需要精神的富裕。精神这个词可用"心"代替。那么相对于给人们带来物质富裕的"物理学"，追求人的精神富裕的应该是"心理学"。但是实际的心理学，只是研究精神的机能、作用的学问，而不是追究精神的本质、研究正确的精神规范的学问。

那么在"物理""心理"之外，中国古典中还有"道理"这个词，就是"天道"。这个"天道"正是探究人本来应该是怎样的，也就是指人应有的精神规范。可惜这种"道理"没有形成完整而清晰的学问。

那么探索人的精神本质的这项使命应该由"哲学"来承担。但从希腊哲学开始，西洋哲学认为人的本质就在于思考，只要一味去进行"思考"这种行为就行了。所以有人说"我思，故我在"。他们这样定义"哲学"："进行思考这种行为就是哲学。"而人究竟应该怎样去生活，正确的人生观对个人和人类具有何等重大作用，这样关键的问题却仍然缺乏明确的答案。

我们常常使用的"实事求是"这句话包含着深刻的哲理。但"实事求是"强调的是科学和理性，而道德和人格似乎不是它的重点。

而稻盛哲学最重要的价值恰恰就在这里。稻盛把人的道德和人格放进了"哲学"，而且成为这种哲学的一个重要的侧面。

在"经营为什么需要哲学"的讲演中，稻盛说："我认为京瓷之所以成功，是因为京瓷经营判断的基准，不是'作为京瓷，何谓正确'，更不是'作为经营者的我个人，何谓正确'，而是'作为人，何谓正确'。因而它就具备了普遍性，就能够为全体员工所共有。作为人，对还是错，好还是坏，善还是恶，这是最基本的道德规范。而且从中引申出来的正义、公正、公平、勤奋、谦虚、正直、博爱等等，这些都是从孩童时代起，父母、老师天天教导我们的、最朴实的伦理观。如果用这些伦理规范作为判断事物的基准，我觉得自己能够掌握。于是，我就以'作为人，何谓正确'

作为判断基准,来处理京瓷经营中的各种问题。现在回想起来,我深深地体会到,正是依靠这样一个最基本的伦理观和道德律来开展经营,京瓷才能获得现在的成功,除此之外,没有别的诀窍。"

科技进步、经济发展与人的精神道德的停滞或衰退,这是当今世界的一个尖锐而深刻的矛盾。这个问题不解决,现代文明乃至整个人类会不可避免地走向衰亡。从这个意义上讲,稻盛哲学是救世的哲学,是《拯救人类的哲学》。

"哲学"这个词似乎有些抽象、有些神秘,但如果你认真读了本书 60 个生动的故事后,你就会觉得哲学就在你身边,你完全可以理解,并运用它实现你事业的成功和人生的幸福。

风靡世界

稻盛先生应中日友好协会邀请来北京,出席庆祝中华人民共和国 60 周年国庆。来京前稻盛托京瓷秘书室长发给我一封邮件转达两点意见。其中之一是,让我读一读稻盛正在编写的《京瓷哲学手册》的开场白。开场白是一段逸话,主要内容是:

1966 年 5 月,京瓷创建后第 7 年,稻盛 34 岁,正在建设京瓷的滋贺工场。当时稻盛的一位副手上西阿沙先生在一次同学聚会上遇到了初中时的恩师平井乙麿先生。大概是上西在平井面前禁不住谈到了稻盛的情况,这位曾当过中学校长的平井先生居然很受触动,提出"一定要见见这个年轻人",于是来到滋贺工场。

平井先生给稻盛的第一印象,"是一位温和敦厚的诗人"。平井称赞道:"稻盛君,你的思想很了不起。"

后来过了不久,稻盛收到一方色纸,右上角写着"诗贺京都陶瓷株式会社第一次飞跃 1966年5月22日 平井乙麿",纸上写着一首和歌:

你那IDEIA

不久将会

风靡世界

要紧的是

品技一流

在一旁还画上了美丽的花朵。看到这图文并茂的诗歌,稻盛十分激动,将它镶嵌上镜框,挂在滋贺工场社长室办公桌后面的墙上。

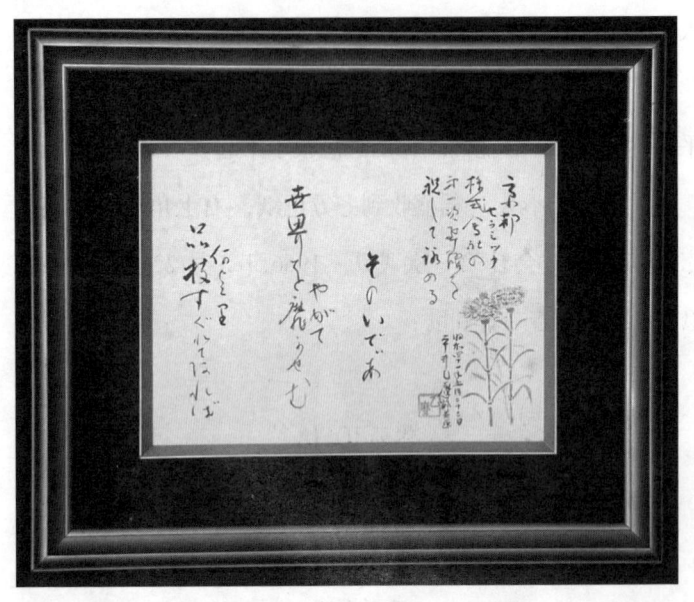

无巧不成书。1966年5月22日收到这首贺词,第二天,就是5月23日那天,稻盛从专务升任社长,替代了当时的社长青山先生。

平井先生用了"IDEIA"这个词,是从希腊语派生过来的,意思是哲学、理念、思想。平井先生的意思是:"最重要的是,如果能够始终保持品质和技术领先的话,那么,你这个IDEIA,就是你的哲学、思想、理念,必将会风靡世界。"刚好在稻盛就任社长的前一天,并没有人事先委托和告诉平井先生,是他自发写了这首和歌。

稻盛说:"当时我还很年轻,只知道拼命埋头工作。而人生经验丰富的平井先生却说'你那IDEIA/ 不久将会 / 风靡世界',虽然当时我还没有充分领会其中的含义,但我很高兴,而且意识到这很重要,所以将它装进镜框挂在墙上。"

随着京瓷成为跨国性企业,稻盛的哲学不仅传到了世界各地京瓷的几万名员工身上,而且通过"盛和塾"1万多名企业家塾生及他们的员工,稻盛哲学的影响正在日本、美国、巴西、中国等地扩大,很有点"风靡世界"的意思。而当京瓷创办后不久,就有一位与稻盛只有一面之交的长者就已经看透了这个年轻人的哲学的价值,令人感慨。

伯乐和千里马

平井先生是一位伯乐。但还有一位伯乐，比平井还早10年就一眼发现了稻盛这匹千里马。他就是吉田源三先生。

1956年稻盛在松风工业打工，时年24岁。

日本三井物产的吉田先生来到松风工业了解情况，三井物产负责松风工业绝缘瓷瓶的出口业务。为了掌握企业情况，吉田每天来公司调查，自然也走访了稻盛负责的"特磁科"。发现公司其他部门意气消沉，唯有"特磁科"士气高昂，热火朝天，吉田觉得不可思议。

这位吉田先生算得上一个大人物，第二次世界大战前曾担任过三井物产驻纽约事务所所长，是有名的"外国通"。

凑巧的是，他和稻盛在鹿儿岛大学时的恩师内野正夫教授是东京大学的同窗好友。内野在吉田面前曾经多次提到过稻盛。吉田在调查快结束时提出要约见稻盛和夫。因为稻盛在松风工业内还是一个小人物，所以大家感到很吃惊，稻盛也觉得很突然。

当稻盛穿着仅有的一身旧西装首次走进大阪一家豪华饭店时，显得相当拘束。吉田称他为"稻盛技师"，说："别紧张，你叫我吉田就行。"稻盛觉得吉田虽然是老前辈又是大人物，但很可亲，值得信任，同他交流是难得的机会，于是就将平时头脑里经常思考的事情，直率地、毫无保留地告诉吉田。他谈到了自己进公司后开发新产品、新客户的有关情况，展望了弱电用新型工业陶瓷将来的广阔前景，公司应该如何把握机会，如何配置人才，如何增加新的设备投资等等。切身经历加上深思熟虑，稻盛讲得生动又具说服力，无论是话题、措辞、内容以及其中包含的思想，都与稻盛当时的年龄、身份很不相称。而且他领导的"特磁科"的工作又搞得有声有色。吉田先生一声不响，神情专注，静听稻盛述说,最后大声说道:"才二十几岁,年轻人,真不简单,你已经有了自己的 Philosophy。"

稻盛当时不知道 Philosophy 是什么意思,听了有点茫然,只是佩服吉田有学问,掌握许多高深的词汇。回到宿舍一翻辞典,Philosophy 就是"哲学、信念"。那一瞬间,稻盛心中不由自主地一阵颤动。

"当时的我,不仅对 Philosophy 这个词语的含义缺乏充分的理解,更没有明确意识到自己的哲学是什么。"

稻盛偶然从吉田处听到了 Philosophy 这个词,查阅了它的意思后产生莫名的感动,这决非偶然。吉田不愧为有见识的大人物,他一句话就点中了稻盛的本质特性,可以说,这句话催生了后来的"京瓷 Philosophy""稻盛哲学"。自己具备了怎样的哲学,稻盛当时还不太清楚,但这并不妨碍他事实上按某种哲学或信念行事。他合成了"镁橄榄石"这种新材料,开发了"U 型陶瓷绝缘部件"这种新产品,这是技术上的成功。虽然这种成功使他的人生开始转机,但他却认为,技术上的成功固然重要,但它只是一种结果,结果由原因产生，成功背后更重要、更本质的东西是人的心态、人的思想，或者说人的潜意识中持有的哲学观念。稻盛的言行中透露出的清新的哲理打动了吉田，吉田因此称赞这个小伙子拥有 Philosophy，稻盛弄清这个单词的意思后，有激动和惊喜袭来，这都很自然，这是吉田和稻盛间一次心灵的共鸣。

稻盛是千里马，但松风工业内却没有像吉田一样的伯乐。认识稻盛价值的还有另外一位，就是稻盛的恩师、吉田的同窗内野正夫先生。

恩师

说到内野先生，就会唤起稻盛深深的怀念，稻盛称他为恩师，因为他也是稻盛人生道路上重要的引路人之一。

稻盛在提交毕业论文之前，内野教授刚刚赴鹿儿岛大学执教，在此之前彼此并不相识。但是这位教授慧眼识英雄，从《入来黏土诸种物理特性》这篇论文中看出了稻盛的潜力，不仅高度评价该论文，而且从此对稻盛刮目相看，给予他格外的关注。

在毕业典礼的谢恩会上，内野教授特别鼓励稻盛："稻盛同学，你今后在技术领域必成大器，好好干吧！"这使年轻的稻盛意外而又激动。内野还特地将稻盛请到咖啡店，当面称赞道："你的论文非常出色，我看过许多东京大学毕业生的论文，和他们相比你毫不逊色。"内野虽然从来没有直接教过稻盛，但出于权威教授的这种恳切的、字斟句酌的鼓励，一下子进入稻盛的内心，成为激励他奋进的动力。

稻盛到京都参加工作后，碰到问题经常向内野先生请教，先生总是悉心指导。内野每次从鹿儿岛去东京出差路过京都，事先都会拍电报通知稻盛，告之火车几点几分到达京都车站，在夜行列车短暂的停车间歇里，两人在站台上会面，稻盛汇报自己的研究进展状况，内野给予建议或指教。临到分手时，内野必会叮嘱："要努力干啊！"这种纯洁的师生情谊令稻盛终生难忘。

一天，有位巴基斯坦的技术员来松风工业视察。他到日本是想寻找烧制低压配电用绝缘瓷瓶的专用电炉。而当时稻盛已经研制成功烧炼"镁橄榄石"的电炉。这种电炉操作简便，耗电又少。那位巴基斯坦技术员仔细听取稻盛的介绍后，很感兴趣，并要求购买一台。自己的技术获得客户认可，稻盛很有成就感，并承诺按巴基斯坦的电力状况将电炉作相应改进，然后出口。

1958年春天，就在电炉即将发货时，对方又要求稻盛到巴基斯坦进行技术指导，因为买了电炉不会操作，碰到问题不会解决就很困惑。同时巴基斯坦人也看中了稻盛，认为稻盛比他们请的德国技师优秀得多。

稻盛一直向往去海外工作，而且据说去巴基斯坦后还有去美国学习的机会，这是稻盛从小就有的一个梦想。同时稻盛对松风工业的前景也不乐观。所以巴基斯坦的诚恳邀请让他心动，而且对方开出的月薪高达二十万日元。这个数字太有吸引力了，稻盛进松风工业三年，也加了工资，但仍不过月薪区区一万几千日元。想到既可出国，又可向家里多寄钱，稻盛很兴奋，立即向哥哥汇报。哥哥也很高兴，但建议听一听内野先生的意见。

内野先生的意见是明确的反对："那怎么行！""不能去巴基斯坦卖技术。技术进步日新月异，你去巴基斯坦蹉跎光阴，回国时你的技术就会过时，到时后悔莫及。"

恩师的忠告让稻盛挡住了诱惑，放弃了去巴基斯坦赚钱的打算,这个决定不仅明智而且重要。日后稻盛回忆此事时说道:"当时如果没有内野先生谆谆指教,一时糊涂,轻率离开日本,就不会有我日后的成功。内野先生爱护我,一心一意为我的前途着想,我至今对他充满感激之情。"

哭的理由

一位日本京都的企业家对我说：稻盛先生是科学家、哲学家、企业家、宗教家、心理学家，五家合一。而且在这五个方面都达到了很高的境界。然而，稻盛的少年时代却充满挫折。

稻盛和夫于1932年1月30日，出生于鹿儿岛市城西町。其实同月21日，他已经降生，父母因为太忙，晚报了户口。和夫排行老二，上面是哥哥，还有两弟三妹。当时他父母经营着一家小小的印刷厂，家境虽不富裕，却总是很热闹。和夫小时候活泼开朗，亲戚们相聚时，他常把大家逗得哈哈大笑。可他自己却爱哭，而且一旦哭开头，往往就停不下来。

以至同住的叔叔给他起了个外号,叫"三小时哭虫"。他的爱哭,在街坊邻居中是出了名的。

一次,母亲和几位女帮工在忙着糊纸袋。和夫约莫三四岁,从梦中醒来,睡意未尽,用不安的目光环视四周,见没人,和夫有些害怕,叫一声"妈妈"。往常,母亲来到和夫身边,呵护一番,他就感觉很温暖,重新进入梦境之中。但今天不知为什么,母亲没有呼之即来,他侧耳细听,只有"咯噔、咯噔"单调的机器声,没有熟悉的母亲的脚步声。神经质的和夫又叫一声"妈妈",这叫声中已带着哭腔。仍然没有回音。"哇——"和夫的"三小时哭泣"开始了。母亲知道,不早点哄他,他会哭个没完,但手头忙着,实在分不开身。片刻后,母亲来到和夫身边:"对不起,来迟了。"用手抱起和夫,不料他哭得更起劲了。最初哭的是:"妈妈你快来啊!"是为了吸引妈妈注意自己,要妈妈来抱抱自己。现在哭的是:"妈妈你为什么来得这么迟啊!"哭声表达了对妈妈迟到的抗议。连哄带骗仍然哭声不止,母亲不禁心烦,放下他又回去工作。这时和夫的哭,又有了新的理由:"妈妈你怎么又走了！"哭声中有点悲伤了。听他哭着没停的意思，母亲只好又来哄。但是哭虫也讲"面子"："妈妈你刚才为什么一点也不温柔！"因为妈妈不顾他的"面子"，所以和夫照哭不误。母亲有点恼怒了，决定随他去哭，又离开了。看见母亲竟然完全无视自己正当的抗议，这回他就"咚咚咚"猛踢门框隔扇。母亲慌忙跑过来。"这不听话的孩子！"母亲一边怒斥哭喊着的和夫，一面"啪、啪"打他的屁股。"哇哇——"和夫犹如被火烫似的放声哭叫："是妈妈不肯安抚我，才踢破隔扇，所以错不在我！"此时他是为坚持正义而哭。正糊着纸袋的女工们相视而笑："三小时哭虫又来了！"母亲没事似的又去忙工作。后来他哭不动了，换成了抽泣。说是"三小时哭虫"，其实至多也就哭一个小时，但在这哭以及哭的理由转变中，可以看见这小孩的倔强以及他的感性。

小学低年级时，叔叔常带和夫去看电影。看完回家，和夫就被弟妹们围住，他会把电影里的情景，按自己的理解，手舞足蹈、有声有色地讲述一遍。弟妹们听得出神："啊！

真有趣，比亲自去看还过瘾。"这时和夫就格外得意。

当时正值武打片全盛时期，武打片总是善恶分明，电影情节都是扬善惩恶，都是老一套。看过几次类似的故事后，有关人物一出场，马上可以看出谁是好人、谁是坏人，甚至能猜到故事的结局。因此，和夫开始是兴高采烈，跟着叔叔去观看，后来渐渐厌倦，不愿去了，而且生出疑问："大人们究竟为什么肯花几小时看这么无聊的东西，还那样开心？"

隐蔽念佛

在稻盛上小学之前，那是战争时期，在稻盛父亲出生的偏僻的山村深处，住着他家的几位亲戚，他们偷偷地信佛。在明治时期，"废佛毁释"的政策使佛教受到了镇压，他们将佛龛和佛像藏在山里一间房子的壁橱里，将佛教偷偷保传下来。

父亲曾带稻盛去过那位亲戚的家，按照从前的传统，他们提着一盏灯笼，步履艰难地走在漆黑的山路上，最后，终于来到了深山里一间破旧的房子面前。进去一看，那里坐着一位和尚打扮的人，在念佛诵经。在他的身后，站着五个双手合十的孩子，他们都是小学生。

那位和尚端详过稻盛后,对稻盛的父亲说:"这孩子没问题,以后不用再来了。"说完后,他又面对着稻盛,说:"孩子,今生今世,只要你还活着,你就要念诵'南曼、南曼,谢谢'。每天向佛陀表示感谢,绝对不能忘记呀!"

念佛时吟诵的"南无阿弥陀佛",用鹿儿岛方言说就是"南曼、南曼"。

然后,那和尚又朝向父亲说道:"如果这个孩子能照我的嘱咐去做,他的人生会很顺利。"最后,他用眼神示意稻盛父子:"你们可以回去了。"

稻盛照着那位和尚的嘱咐做,一直坚持到今天,从不间断。

后来,稻盛皈依到禅宗的佛门之下,取得了僧人的资格。不过,禅宗里并不教大乘佛教里的"南无阿弥陀佛,谢谢"这样的内容,也不唱净土真宗的"南曼、南曼,谢谢"。但是,早晚两次在家吟诵禅宗经书的时候,稻盛最后一定要说一声"南曼、南曼,谢谢"。现在依然如此。

稻盛说:"在经营公司的过程中,我从年轻时起,就常乘飞机去海外出差，伊斯兰教的清真寺，基督教的教堂，我经常光顾。我不懂基督教和伊斯兰教的教义，在祈祷时，不管是在教堂还是在清真寺，我都会双手合十，低声诵吟'南曼、南曼，谢谢'，这种感恩之心一直保持到今天。我想，正是这种虔诚的感恩之心才造就了今天的我，造就了今天的京瓷。"

  日文的"谢谢"一词的含义是，本来不可能有的事现在有了，奇迹发生了，对这样的幸运当然应该感谢。稻盛说："京瓷、KDDI，这些优秀企业居然都成功了。这本来不是我这样的人所能办成的事，然而，不可能的事情竟然发生了。对此，我必须用'谢谢，真是太难得了'等词语来表达自己的感谢之意。"

母亲

稻盛的父亲是家里的长子,有3个弟弟。父亲20岁那年,下面两个弟弟尚年幼,稻盛的祖母便过世了。别人劝稻盛祖父再婚,祖父不肯,主张让稻盛父亲早点娶媳,所以稻盛母亲19岁便嫁到稻盛家。父亲早先在别人的印刷厂打工,后来买了一台二手印刷机,把自家一间偏房改做工厂,开始了印刷业务。

母亲操持家务,抚育自己的孩子,还要照顾丈夫的三个弟弟,开印刷厂后家里更忙碌了,但母亲从无怨言。家里的印刷厂总有邻居的阿姨们来帮忙,大家往往工作到很晚,这时候阿姨们和稻盛一家人围着餐桌吃夜宵,很是热闹。母亲不仅负担家务，而且指挥阿姨们做事干脆利落。母亲性格豪爽，无论遇到什么困难从不退缩。母亲还逞强好胜，每当稻盛在外面打架落败回家，她就将扫帚塞进稻盛手里，把他赶出家门："去报仇，打赢了再回家！"

父亲的敬业受到客人的好评，生意不错。但战争中工厂被炸毁，父亲因此失去了工作。父亲具备工匠气质，性格谨慎。第二次世界大战后母亲主张重开印刷厂，父亲不答应。因为重新开厂要借很多钱购买设备，父亲不愿冒险。母亲再劝，父亲也不点头。

鹿儿岛的风气虽说是男人当家，但实际上在外面给丈夫面子，好像男人说了算，在家里大多是女人掌权，妻子主持家庭事务。母亲就是这样的人。母亲一手操持这个大家庭，早起晚睡，但她不把苦当苦，刚毅而且慈爱。

稻盛平时的玩伴主要是哥哥。哥哥是捕鱼能手，稻盛常常提着木桶跟着哥哥到附近的甲突川去捉鱼。哥哥用网兜接二连三把鱼虾捞上来放进木桶，稻盛在一旁看着，欢呼雀跃。有时会抓到比大人的手腕还粗的鲤鱼。稻盛虽然一条鱼也没捉到,但当附近的孩子们用羡慕的目光窥视他们装满鱼虾的木桶时,稻盛感到特别自豪。捉来的河虾不去卖,由母亲加盐加糖煮了吃。

鹿儿岛的传统,每年12月的"赤穗浪士复仇日"那天黄昏,小学五年级的学生们聚集到学校礼堂,在地板上正襟危坐,聆听校长先生朗读《赤穗义士传》。鹿儿岛虽属温带,但到了12月,夜里还真冷。那样的季节端坐在礼堂冰冷的地板上,脚都冻麻了,哪里还听得进校长先生的说教。但校长一直要读到夜里10点,结束时孩子们已浑身冰凉。

稻盛后来回忆说:"拖着冻得半僵的身子回到家里,母亲早已煮好了热腾腾的赤豆年糕粥在等我,那热粥冒出的香气里充满了母亲深情的爱。我一言不发,脸贴近碗,贪婪地吃起来。母亲带着温和的笑脸,在一旁注视着我,那情那景,历历在目,终身难忘。直到现在,只要把赤豆年糕粥放在我面前,母亲的形象就会清晰地再现。"

稻盛说自己属于乐天派,是继承了母亲的开朗性格。

"五十钱"和"一钱秃"

稻盛小时候是一个胆小腼腆、性格内向的孩子。小学开学第一天,由妈妈陪同,自然没有问题,但第二天听说要自己一个人上学时,马上就哭嚷起来:"我不要上学。"虽然学校离家不远,开学一星期内却每天都要家里人接送。后来慢慢就习惯了,胆子也越来越大,有了新朋友,在学校与朋友玩得很带劲,不知不觉就成了孩子王,后面总是跟着一群小喽啰。

小学一年级稻盛各门成绩都是甲,父母很惊奇。尤其是母亲格外高兴,逢人就夸耀:"我家和夫门门功课都是甲,亲戚中从没这么聪明的孩子。"但稻盛家并非书香门第,父母从不督促他读书,家里也没有书。稻盛看到其他小朋友家书架上摆着什么文学全集,就问父亲:"为什么我家没书?"父亲答道:"书能当饭吃吗?"

稻盛觉得玩耍比学习更有意思,只要不上课,总是和一班顽童玩游戏、打仗,虽然告别了小时候的"哭虫"形象,但也不晓得有刻苦学习一说,不久各门成绩都从甲降到了乙。

做孩子王也不容易,因为不能让人看出自己心虚或懦弱,否则大家就不服你,甚至把你从朋友圈子中赶出去。有时即使心中害怕也不能流露,要硬着头皮,鼓起勇气,去挑战那些比自己厉害的家伙,去打些明知打不赢的架。当然光靠蛮勇、光靠腕力不行,当头头除勇气、魄力之外最主要的是学会如何掌握人心,稻盛从儿时的游戏打闹中渐渐悟得了这个道理。

当时班上有一个遭孤立的孩子,以为只要讨好稻盛就能争取和大家一起玩。一天,他对稻盛说:"我有五十钱银元。"当时小孩一般一天只有一钱零花钱。五十钱就算大钱了。稻盛起初不相信，也没放在心上。但那小孩老找稻盛，稻盛忍不住就问："你真有吗？""真有！是奶奶给的，稻盛愿意的话可以随便花。"几天后，那孩子真的拿来了五十钱银元。"你真的让我随便花？"稻盛觉得不踏实，又确认了一遍。"当然，你可以随便花。"他说。

稻盛决心一下，就把那钱全都买了点心，分给了小朋友们。有生以来第一次花这么多钱，又在朋友中出了风头，稻盛得意极了。

谁知第二天一上学，看见那孩子的母亲也在学校。原来，那五十钱银元是那孩子从母亲钱包里偷出来的。但到了这时，那孩子却一口咬定是稻盛逼他拿的，如果不拿就会欺负他。稻盛被叫到老师办公室，被老师劈头盖脸一顿训斥。因为是那孩子主动，稻盛事前跟他几次确认过，所以稻盛理直气壮地争辩说："我没有错。"但事情到了这一步已不容分说，似乎责任都在稻盛，稻盛成了老师眼里的坏孩子。

还有一件事。当时稻盛班里有一个刚从台湾转学回来的孩子，头上有一个钱币大小的秃斑，于是大家给他取了绰号

"一钱秃"。他在班上也常受人欺负。有一天他对稻盛说："我家柿子树上结满了柿子，爷爷让我叫稻盛和大家一起来吃。"因为有了上次五十钱银元的教训，稻盛不再轻易接受，但经不住对方一次又一次的邀请，稻盛就当真了："那我们今天就上你家摘柿子，好吗？""今天我爷爷不在家，不行。"第二天再问他，他又借别的理由说不行。这样推托几次后，有天他又说："爷爷不在家，不行。"稻盛不耐烦了："既然请我们去吃柿子，哪天去不行！"于是叫上十几个小喽啰，前呼后拥跑到那孩子家，把满树的柿子摘了个精光。

其实那孩子也是撒谎，事后他爷爷怒气冲冲赶到学校，结果又是稻盛不好，是"稻盛要摘的，不让摘就要挨揍"。老师又声色俱厉，将稻盛臭骂了一顿。稻盛又是有口难辩。

这两件事留在了稻盛的记忆里，让他学会了"听话听声，锣鼓听音"，就是要弄明白人家话语里的真实意思，不要主观随意地用自己的尺度去衡量别人。

为正义挨揍

虽说当孩子王,稻盛却从没无缘无故动手打过别的孩子。但到了小学六年级,他真的开始故意欺负一个家境富裕的同学。

新学年开始,班主任都要进行家访。从离学校近的开始一家一家去拜访。有的学生家里做买卖,母亲很忙,老师就只在店门口同家长寒暄几句。到了家境好的学生家,家长就会请老师进去坐,老师也会在那家多待一会儿。稻盛家离学校最远,当老师逐家访问时,稻盛必须在自家门口等候。

那天老师进了一位同学的家后老半天没出来,稻盛一心想早点获得解放,好和同伴去玩,等得心焦,就溜进那家,看到老师和家长正围坐在桌旁,津津有味地吃着点心,聊得正开心。待聊够了,老师才在同学母亲的陪伴之下,慢慢走出来。这位母亲穿着体面的衣衫,戴着漂亮的首饰,同稻盛的母亲完全不同。

因为老师在这家待了一个多小时,剩下的时间就不多了。最后总算转到稻盛家,和在门口恭候多时的母亲没说上几句话,老师就匆匆地告辞了。

有的同学家可以坐聊一小时,有的同学家只简单打个招呼就敷衍过去,稻盛目睹老师的势利,十分反感。在幼小的心灵里就留下了"老师偏心,老师不公平"的烙印。

第二天注意观察,稻盛又发现老师对这个有钱人家的孩子果然格外热心。比如上课时老师说:"大家有什么不懂,可以举手。"只要那个孩子一举手,老师每次都会一直走到他课桌旁,用亲切的口吻耐心地讲解,简直是体贴入微。

于是稻盛和几个爱捣蛋的同学串通一气,每当老师讲不懂可以举手时,大家哗的一下全举起手来。"你们这些捣蛋鬼从不好好学习,懂才怪呢。"老师一句话就把大家打发过去,根本不愿走到课桌旁来辅导。

这些捣蛋鬼愈发觉得老师不公正,没别的办法,于是就一起来欺负这个有钱人家的孩子,发泄不满,报复老师的偏心。而那个小孩害怕家长知道后找到学校,稻盛他们就更不会放过他,所以从不敢在老师和家长面前提起受欺负的事。直到有一次,捣蛋鬼中有一位用球拍将他的脸打破,家长看到伤痕再三追问后,他才不得不将他受欺负的事全盘说了出来。

第二天一到校,稻盛就感觉气氛不对,平时围着他转的几个小喽啰一个没看到,已过了上课时间老师还没到教室来。糟了,稻盛预感要出事,正惶惶不安时,就被叫到办公室,进去一看,几个同伙果然在那里规规矩矩地站成一排。看光景,老师早一个个审问过了。令稻盛惊奇的是,他们居然异口同声,都咬定"是稻盛指使的,是稻盛让我们欺负他的"。于是老师把一腔怒火全部发泄到稻盛身上。

"说,为什么要欺负同学?"

"因为老师不公正。"稻盛说出了压在心底的不满,提到家访和课堂举手提问的事。

话音未落,老师重重一拳已经打到稻盛脸上。老师气得面孔扭曲,有几分狰狞。稻盛虽然脸上火辣辣地痛,心里却坚持"老师偏心,自己没错"。身体本能地向后退缩,眼光却毫不躲闪,始终瞪着老师。这目光更加激怒了老师,于是老师又一记重拳将稻盛击倒在地,立即又揪住他的衣领把他拽起来,左右开弓连打几个耳光。

那个年代鹿儿岛传统风气浓厚,晚辈不可顶撞长辈,遭长辈教训而敢回嘴,就立即被斥责:"不许顶嘴!"所以当时稻盛受到制裁理所当然。但是稻盛心里不服:"正义何在?"尽管挨打,还是敢于直视老师那张狂怒的脸。

最后老师把母亲叫到学校,在不知所措的母亲面前,老师历数稻盛的罪状,最后还往要害处捅了一刀:"稻盛妈妈,你这个儿子是我们学校有史以来最坏的坏蛋,对这种坏蛋学校决不会批准他毕业。他本人还打算考一中,你们干脆死了这条心吧,受了这次处分,别说一中,哪个学校都不会要他。"

天黑了,老师终于放他们回家了。稻盛担心一向温厚的父亲这次可能不会放过他。但回到家,父亲听了他的诉说,没有追究,默认了他的"正义"。

肺结核的教训

稻盛在小学里虽然是孩子王，成绩也说得过去，父母又不逼他用功，但如上所述，他也并非一帆风顺，在有些老师眼里他不是好学生，多次受过责骂，甚至还挨过老师的痛揍。但他感受到的初次严重挫折是小学毕业后的初中升学考试。

虽然稻盛小学六年级时成绩大都是乙，老师又警告不要梦想进一中，但班上中等以上的同学都准备考一中。稻盛有孩子王的自负，脑子又不笨，对报考名校一中他仍然很有信心。不过他又有一种不祥的预感，因为那次老师发狠揍他后说过，成绩不行，评语不行，休想进一中。果然发榜时，平时成绩不如他的人都考上了，唯独他名落孙山。看着别人欢天喜地，稻盛黯然落泪，平日孩子王的霸气如今一落千丈。一个人爬到山顶俯视街市，风景依旧。回到家里父母仍然忙碌，没人理会他的伤心。昨天还是自己的小喽啰，还有那些天敌般的富家子弟，都穿上了一中的校服神气活现，稻盛对自己的惨败耿耿于怀。

稻盛虽说有孩子王倔强的个性，但毕竟还是个小孩子，经历升学失败的打击后，精神上有一种虚弱感，这时病菌便乘虚而入，真可谓祸不单行。

当年（1944年）12月，被征兵去"满洲"的22岁的兼一叔叔因患痢疾，回鹿儿岛养病，带回了不少虱子。稻盛睡在他身旁，被虱子叮咬，浑身上下出现了许多红色的疱疹，伴随低热不退，稻盛病倒了。因为他的大叔和大婶都因肺结核死去，19岁的小叔正吐血，也在稻盛家疗养。"要是也染上肺结核那就糟了。"母亲带稻盛去医院检查，检查发现稻盛身上出现了肺结核的初期症状——肺浸润。

因为当时肺结核还无药可治，死亡率很高，"这样下去自己也会像叔叔一样吐血不止，瘦得皮包骨头。"稻盛在发热中情绪低落到了极点。正当稻盛不知所措时，一天，隔壁的邻居夫人隔着篱笆对稻盛说："和夫，这本书对你会有好处。不管懂不懂，你一定要把它读完。"接着递过来一本封面黑底金字的厚书，是当时一个叫"生长之家"的新宗教教主谷口雅春写的《生命的实相》。本来是大人看的书，稻盛才13岁，但因为已经意识到死神的威胁，稻盛如饥似渴，贪婪地阅读。书中一段话："我们内心有一种磁石，它会将我们周围的刀枪、病魔、失业以及其他各种灾难吸引过来。"意思是说心病才会身病。这话触动了稻盛，因为稻盛看过医书，晓得肺结核通过空气传染，生怕被感染，稻盛总是捏紧鼻子跑过叔叔的房门口，因为还是小孩，憋不住气，所以先后都要深呼吸。但是他的哥哥则利却不以为然："不要大惊小怪，哪会那么容易染上！"稻盛的父亲对病重的小叔更是悉心护理，但不许稻盛妈妈及别的人接触病人。结果父亲、哥哥都安然无恙。

父亲虽然与病人近距离接触，但是他的大爱、他的仁慈之心阻挡了病魔的侵入。稻盛对结核怀着深深的恐惧，时时刻意躲避，正是这种只考虑自己个人安危的脆弱的心，吸引了病菌。人的心、人的心态或者说人的意识，对健康乃至对人生具有多么重大的意义！刻骨铭心的生死体验之际，《生命的实相》中许多富有哲理的话给了稻盛前所未有的冲击，让还是孩子的稻盛有了人生第一次重大的、深入灵魂的自我反省，让他开始理解人生最重要的真理。

稻盛后来回忆说："患上结核，这是上苍给予我的一次珍贵的体验。叔父死了，叔母死了，我也会这样死去，当时心中的不安与沮丧无法形容。是《生命的实相》这本书救了我，从那时起我的心态开始转变。"当时正值第二次世界大战结束前夕，美军对鹿儿岛的轰炸越来越激烈，事态不允许稻盛卧床不起。为了躲避战火，他不得不东奔西跑，这样忘记了疾病反而促使了疾病的痊愈。

战争

1945年,鹿儿岛上空响起了空袭警报,那时稻盛高小时的班主任土井老师来到稻盛家:"这孩子有特长,应让他再次挑战鹿儿岛一中。"他说服了稻盛的父母,并代替病中的稻盛报了名,考试当天还陪着稻盛,照料他。但发榜那天,录取名单中仍然没有稻盛和夫。稻盛再次灰心,只觉得自己命运太差,发着低烧回家倒头就睡。此时空袭警报再次鸣响,扎着防空头巾的土井老师又来到稻盛家:"是男子汉就别泄气,天无绝人之路。"他是来激励稻盛的,而且已经帮稻盛办好了另一所学校——鹿儿岛初级中学——的入学申请书。"今天是申请的最后一天,不管怎样先考了再说。"

稻盛两次考鹿儿岛一中都落第，又是病中疗养，"算了，不考了"，他已经心灰意懒。父母也认为只有就职一条出路。此时土井老师仍然一片热心，鼓励他再考，让他总算上了初中。"如果当初没有土井老师热忱鼓励，只有小学毕业的学历，我后来的人生将会怎样呢？"稻盛后来这样说。

虽说迟一年上了初中，但因为空袭愈加猛烈，学校无法开学，完全没有学习的气氛，特别是1945年6月17日大空袭烧毁了大半个鹿儿岛市。在这次空袭的大前天，因结核瘦得不成人样的小叔死了。这之前每逢警报响起，父亲总是扶着小叔躲进园中的防空壕沟，而小叔总说："不！哥，算了，我不进防空壕，我的病不能传染给侄儿侄女，我待在家没关系。"临近死期，小叔的表情格外平静而坦然，似已看破红尘。小叔葬礼刚结束，就是6月17日深夜大空袭开始，父亲背着中风后手脚不能动弹的祖父，一家人都逃进了防空壕沟。父亲因小时曾跌落河中得了中耳炎，一只耳聋了，因祸得福，征兵体检不合格，第二次世界大战时没上前线，此时当了街区消防队长。这夜躲入防空壕沟，只见空中一片红光，火又从附近烧来，看来鹿儿岛将成废墟，不可坐以待毙。大家将头巾浸湿，父亲再背着祖父，沿河朝上游方向逃命。回头看，逃难人群黑压压一片，河对岸一片火海，许多人浑身是血，还有人身上着火在地上打滚，而攻击一波连着一波，燃烧弹把黑夜照得如同白昼。目睹这地狱般可怕的情景，又怕炸弹投到这边来，大家拼命向上游跑。稻盛想到小叔死前决绝的神情，似乎小叔已预知大空袭即将到来，晓得父亲的性格，再危险也不忍放弃亲人，又要背祖父又要救自己，一定力不从心，为了减轻父亲的负担，小叔死得其时。稻盛家的房屋虽然奇迹般地躲过了这次大空袭，但在日本宣布投降前两天，即8月13日，还是被美军的飞机炸毁了。房子烧掉了，印刷机炸碎了，而稻盛的病却在奔波逃难中慢慢好转。战争、疾病、亲人死亡、升学落第，种种挫折考验着少年稻盛，也使稻盛逐渐成长。但是稻盛的厄运还没有完。

卖酒求生

第二次世界大战后的日本非常贫困，人们普遍营养不良。食品极度匮乏，学生也被赶去开荒种红薯。有一天要登上一个山坡劳作，稻盛他们又饥又渴，筋疲力尽。于是有人提议"弄点红薯烤了吃，增加营养"，四五个人到附近偷了些红薯，在田头一角点火烤起了红薯，因为怕被老师发现，大家小心翼翼，有一个人还拼命将烟驱散。但还是让老师发觉了。老师大怒，不但将红薯没收，而且当着大家的面，用脚把红薯踩得稀巴烂。

第二次世界大战后鹿儿岛市中心已成一片废墟。稻盛家在避难地附近借房住下，在那儿他们开始偷偷地酿造烧酒放在地板下面。稻盛还去过附近的县城，买酿酒用的曲霉。米粒上长满白色的霉菌，买一升、二升这种米曲霉，用腰带包扎，搁在肩上带回家。将这种曲霉放进红薯里蒸，然后捣碎、冷却、搅拌，放进壶里密封，放置一段时间，里面的东西就会发酵产生葡萄糖，再变成酒。如果放置太久，就会氧化变酸，所以蒸馏要恰到好处。开始流出的烧酒像水一样，稍后有像伏特加般的烈酒流出，再过一会儿又出来度数较低的烧酒。让这些液体流进大桶，按适当比例掺和，调整烧酒的度数。稻盛还去鹿儿岛市内的计量器具店，买来比重计，通过测量液体比重，准确地掌握酒精含量。

出去卖的时候，把两升至三升酒放进水枕里，挂在身上出门。当时买的人很多，但是蒸馏通宵进行，红薯发出一种特殊的强烈的味道，如果让附近的人发现，遭举报就要倒霉，所以不久就停了。

每天去上学，从借住地到市内的鹿儿岛中学距离很远，只好乘国道上行驶的卡车，有的卡车收钱，有的不收。早晨的卡车里，学生们挤作一团。那时的卡车装货的车厢里没有抓手，司机野蛮开车，在道路的转弯处，就会把大家甩到庄稼地里。

卖纸袋初露商才

初中毕业时,因教育制度变化,初中毕业后不经考试,可以直升高中。在哥哥的力争下,经父亲同意,稻盛直升高中。

因为没有上大学的打算,准备高中毕业就去当地的鹿儿岛银行上班,因此每天上课一结束,稻盛就和同学一起玩业余棒球,非常热衷,经常玩到很晚。有一次被出门卖米的母亲撞见,母亲非常生气,斥责说:"我们这么辛辛苦苦供你上高中,你却玩疯了。"

母亲这句话触痛了稻盛,引起他强烈反省,当即放弃了棒球游戏,同时开始帮父亲卖纸袋。做纸袋是当时父亲的家庭副业。

纸袋有大小十余种，稻盛把纸袋装进竹筐，堆得高高的，放在自行车后面的行李架上，由于纸袋很重，将车支子向后一拨，自行车前轮甚至会跷起来。

把纸袋卖给各家店铺。开始是走到哪里卖到哪里。后来稻盛发现这样做效率不高，于是就将鹿儿岛市区分为七块，每周七天，每天只去一处，如此循环。学校一放学，稻盛立刻回家，骑上自行车就出门，星期天也不休息，从大的糕点商到路背后的廉价点心店，踏着自行车到处推销，一家接一家开拓客户。初生之犊不怕虎，当时稻盛正像一名非常勤奋的推销员。

当时的鹿儿岛市区有五六处黑市，去那里可以做整批买卖。那里都有威势十足、说话干脆的大婶。稻盛去了几次，她们就"小孩、小孩"地招呼他，有时纸袋卖了还剩下一些，她们就会说"都留下"，她们全买了。熟识的大婶还把稻盛介绍给别的阿姨，稻盛成了"卖纸袋的小孩"，这个称呼在黑市里还非常有名。

有一天，稻盛路过一家店门，一位大婶叫住了他："是你吧！卖纸袋的小孩，我这里是糕点批发店，鹿儿岛有很多小店从我这里进货，他们希望纸袋也一起买。如果你的纸袋放我这里卖，数量可以翻几倍啊。"各种大小纸袋放在货架上，卖完了补足就行。稻盛想，还有这样的好事啊。数量翻番，但价格要打折，通过这家批发店的买卖方式，他见识到了流通业的一个侧面。

这过程中，听到传闻的其他糕点批发商也来订货，福冈县许多糕点批发商都有了稻盛家制造的纸袋。大量订单，稻盛家忙得不亦乐乎，因此雇了一位初中刚毕业的孩子做帮手，还为他配备了一辆自行车。

稻盛在自行车鞍座下挂一个布袋，把从各家收来的纸袋钱塞进去，每次都是塞得满满的现金，带回家交给父亲。父亲拿着算盘计算结账。作为外行，稻盛的生意大获成功，在他连续的攻势之下，福冈县别的纸袋业者纷纷撤退。但在价格核算上他不精明，黑市的大婶要求"再便宜点"，他也就让步了。

稻盛认为，这个卖纸袋的体验对自己来说非常宝贵。

但是到了高中三年级，这个生意连同雇用的帮手一起，移交给了哥哥。

两件倒霉事

稻盛刚读高三时，原在学校同其他学校合并，同时改名叫玉龙中学。玉龙中学建新校舍要大家都参加义务劳动。因离高考不到一年，学习很紧张，稻盛心里有抱怨。尽管不情愿，他还是担着担子去了工地。但到那里一看，发现高三学生总共只有三四个人。"大家都没来，自己这么听话，真够傻的。"之后三天，稻盛也就没去。本来老师从没去检查过，偏偏在稻盛没去的第三天老师开始点名。别的同学事先听到风声，赶在点名之前到达现场，稻盛被蒙在鼓里，点名时缺席。"心里只想自己高考，连义务劳动都不参加，没有一点奉献精神，真自私。"稻盛被老师训斥一通。

另一件事也是高三时，在鹿儿岛的鸭池球场举办高中棒球对抗赛，同学们都要去为本校球队呐喊助威。球场离学校很远，要乘电车去，但稻盛没钱买车票，有些犹豫。但同学说只要拿自己的月票混进站台就一定能顺利到达，于是稻盛跟着大家一起混了进去。去时侥幸蒙混过关，回来时稻盛觉得这样不好，心中不安，决定徒步走回。但有同学强调，只要夹在人群里将月票在检票员面前虚晃一下，定能过关。稻盛不由自主跟大家一同上了电车，但下车时因心里紧张，神色不对，被检票员一眼看破："学生票已特别优惠，还要逃票，真不像话。你是哪个学校的？叫什么名字？"别的同学都混过去了，唯独稻盛被逮住。虽说是初犯，但检票员却不管，只当惯犯处理，除没收月票之外，还罚了他几倍的钱。第二天学校告示板上又将此事点名批评。他尊敬的辛岛老师在班上又批评他："破坏了学校的名誉。"稻盛羞愧难当，懊悔不及。有的同学还嘲笑他是笨蛋，但有一位叫川边的同学很讲义气，他与稻盛一起逃票，没被抓住，却从此放弃月票，陪稻盛每天徒步上学。

这两件事稻盛看得很重，自己心思不正、行为不当，才弄得自己狼狈不堪、被人蔑视，自己的思想行为和结局之间，存在一种因果关系。稻盛日后建立起"作为人，何谓正确"的判断事物的基准，并严于律己，不管大事小事决不违规，就与学生时代的这些挫折有关。

"阪大"落第

稻盛初中毕业后，父亲要他就职，哥哥作为长子也不过初中学历，毕业后到国营铁路公司工作。看到弟妹多，父母那么辛苦，作为次子，稻盛也想早日参加工作，助父母一臂之力。但当时因学制改革，初中毕业可直升高中。虽知家境困难，但多数同学都升高中，班主任辛岛老师也劝他升学，稻盛心里很矛盾。在保证高中一毕业马上就工作后，父亲才勉强同意他上高中。

到高三时，大家都在议论考大学的事，高校还办了专门的升学指导杂志。稻盛也有点心动，但因与父亲有约在先，稻盛不好开口。哥哥却对父亲直言："我们家只有和夫该去上大学。"一贯忠厚的父亲不禁大怒:"上次讲只上高中,允许了。这次得寸进尺,又要上大学?"

辛岛老师听说后忍不住来家说服父亲。老师面子不可驳回,但等老师一走,父亲便说:"真要考大学那就考帝国大学,否则就别考。"父亲所说"帝国大学"是指九州帝国大学,是很难考上的大学,父亲有将稻盛吓退的意思。稻盛将父亲的意见告诉老师时,老师说,与其到福冈去考九州帝大,还不如干脆去大阪考"阪大"(大阪帝国大学,今大阪大学),因为在不久前全国统一的适应性考试中,稻盛的成绩在鹿儿岛全县名列前茅。稻盛在高中前半期,因协助父母做纸袋生意,没有尽全力学习,到后半期就特别用功,经常开夜车,所以全国统考时成绩出色。

因为少年时便身患肺结核,稻盛立志要考大阪帝大的医学部药学专业,准备将来从事新药的研究开发。坐夜行列车到大阪,又赶到大阪大学医学部接受考试。虽说是乡村高中毕业,但稻盛为了这次考试,拼命努力,做了充分准备。"这次总该……"稻盛颇有自信。结果又与预想相反,仍是不合格。吸取了初中升学考试失败的教训，专心用功，大学考试依然失败，稻盛十分懊丧。休学一年再考，家境根本不许可。无奈之下，稻盛只好马上报考考试日期较晚的鹿儿岛大学工学部，这次总算考上了。鹿儿岛大学后来也成了国立大学，稻盛选择了工学部应用化学科中与医药相关的有机化学专业，打算先学一年，第二年再考"阪大"。但这实在是脱离现实的空想，依当时稻盛的家庭情况，上鹿儿岛大学已经够呛，哪有再考的条件。稻盛虽然心有不甘，也只好放弃原来的志向。

只怪自己命运不济，再努力也改变不了命运，稻盛偶尔也闪过这种消极的念头。

自己曾是个"小男人"

在鹿儿岛大学工学系化学专业有一位同班同学,平时不来学校上课,整天玩弹子机。他比稻盛大一岁,因为留级同稻盛一个班。他每天都去弹子房,是一个爱玩的"白相人"(即游手好闲的人)。

与他相反,稻盛那时是一个"死抠书本"的人,什么弹子机之类从没碰过。看稻盛太死心眼,有一次他来邀请:"稻盛君,玩过弹子机吗?""不,没有。""那我带你去玩。"

于是他就把稻盛带进一家弹子房,位于鹿儿岛最繁华的街道。他还塞给稻盛一两百日元:"你也来玩一玩!"当时的弹子机是手动的,把弹子一个个放进洞里,手一拉就打出去了。稻盛对弹子房这种地方本来不想去。他是一个好学生，跑惯了图书馆，对这种"白相人"还有点瞧不起："这么散漫，不学习，还留级。"但他主动约稻盛，稻盛不好意思推辞，不由得跟着他去了。

"还是赶快回去学习好。"稻盛一边想，一边面向弹子机打了几下，还没弄清怎么回事，一会儿就输光了。而那位留级朋友，形势大好，盒子里落满弹子。稻盛瞧了他一会儿，感到周围很嘈杂，心里不舒服，说一声"我已输了，我要回去了"，转身就走了。

没过几天，"喂，去弹子房吧！"这位朋友又约稻盛了。稻盛心里不愿意，但盛情难却，又跟他走了。到后来，稻盛又一拍他的肩膀，说声"我回去了"，就离开了。

大概是第三次吧，稻盛又说自己要回去，他的同伴马上挽留："稻盛君，稍等一下嘛，我这里也快完事了。"

那天，还有一位绰号叫"铁五郎"的白相人在场，他的个子比稻盛高，输了以后也站在一旁观看。与这位学习成绩挺蹩脚的"铁五郎"并排站着，稻盛的脸上露出了尴尬和鄙夷的神色。

　　一起出了弹子房，这位朋友大大咧咧，把稻盛领进了隔壁的一家大饭馆。因为是昭和二十年代（1945—1955）开的，说是大饭馆，也不过是临时搭建的一个大棚子。但那里卖一种很出名的面条，叫"吃一惊面条"，一碗面里放两个鸡蛋，当时已经算是很难得的"盛宴"了。他很大方地请稻盛和"铁五郎"吃那个"吃一惊面条"。

　　打弹子赢了钱，不是自己一个人独占，而是很慷慨地和朋友们分享。他这种行为，好比当头一棒，让稻盛大为震动。他的形象在稻盛眼里一下子高大起来了。

　　"自己掏钱，邀请一位从教室到图书馆两点一线来回跑的同学，让他出来玩，让他认识社会，增长见识，见他玩得没劲，又将自己打弹子赢的钱请他吃饭。这简直是大人物的胸襟，而我却一直对他抱着偏见，认为他'整天不务正业，还留级'。人家一片好意，掏钱让我去玩，要让我快乐，我却不快乐，输了说走就走，一点不顾人家的面子。这样看起来，自己还真是一个器量狭窄的小男人，离成熟的男子汉还差得远呢。我开始自我反省。"稻盛这么说。

大学四年级时，稻盛和这位同学一起参加实习。碰到研究上的难题、实习中不懂的地方，稻盛教他；在企业里如何与人打交道、如何玩乐消遣，他教稻盛。他很有大人腔，与社会上的人能够平等地从容地相处。而稻盛总是怯生生地跟在他后面。"呵，这种场合，原来该这么打招呼啊。"稻盛跟他学了不少。

后来在一次同窗会上，提到当时的情形，稻盛说："现在，我在各种场合给别人讲'该如何做人'，当初这可是你教我的，你的教导渗入了我的血肉，一直在起作用呢。"他听了只是笑笑，说："是吗？真有那样的事吗？"

求职难

1951年,稻盛考进了鹿儿岛大学工学部。当时由于朝鲜战争的爆发,美国的军需品需求刺激了日本经济的发展,许多日本企业生产势头良好。但是1955年稻盛大学毕业时,形势一变,景气状况由高峰跌入低谷,就业出现困难,就是大学毕业生也不容易找到工作。当时社会上还流行只招名牌大学学生的风气。像鹿儿岛大学这样三流的地方大学,毕业生自然是无人问津。稻盛参加了几次企业招聘考试,有关系、有后门的人被录用了,但自己接到的通知书却全是"不予录用"。好不容易上了大学,成绩也很优秀,即将毕业,却找不到工作,面临毕业即失业的威胁,稻盛感到十分焦急和沮丧。

稻盛一度曾在鹿儿岛繁华街的暴力团事务所门前徘徊。他想："难道自己做过坏事吗？为什么老天如此不公，让自己这么倒霉？""既然世道如此不公，既然无法正常就职，倒不如干脆参加暴力团，比起这个世态炎凉的社会，暴力团不是更讲义气吗？自己力气也不小，练过空手道，做个知识型的暴力团员或许更有出息。"但转念一想，一味怨天尤人、愤世嫉俗，自己的人生不会因此时来运转。自己的运气固然不佳，什么事情都不顺利，但老天不会总是不公，23岁以前或许确实多灾多难，但决不能泄气，要努力，不要悲观，人生之路一定会出现曙光。人生必须有这样的信念。

鹿儿岛大学工业系当时的系主任竹下寿雄教授，对稻盛比较了解，比较欣赏，评价比较高，对稻盛的就业十分关心。他觉得自己有义务帮助这位很有潜力的得意门生尽快找到工作。竹下教授有位叫田中的朋友在松风工业公司当技术部长，通过这层关系，由竹下教授出面斡旋，松风工业公司表示可以考虑接受稻盛，但又提出了一个前提条件：稻盛必须从鹿儿岛大学无机化学系陶瓷专业获得毕业证书，因为松风工业公司是一个生产绝缘陶瓷瓷瓶的企业，应聘者需要专业对口。

但是稻盛的专业却是有机化学。稻盛高中毕业考大学的志愿本来是医药学。这点很像鲁迅先生。鲁迅小时候常为病中的父亲去买药。为了救治像父亲一样被庸医误诊的病人，青年鲁迅曾立志学医药。稻盛的两位叔叔、一位叔母都死于肺结核，稻盛小时候也染上了结核病。叔叔、叔母因为缺乏有效的药物和必要的治疗而悲惨死亡的情景，在稻盛幼小的心灵中留下了不灭的印象。这种印象催生了他的一个愿望，就是将来能够从事医药研究，亲手治愈那些受病魔折磨的可怜的患者。

为了实现这个朴素的梦想，如上所述，稻盛报考了大阪大学医学系药学专业，很遗憾没有合格，无奈之下，进了鹿儿岛大学工业系。考虑到有机化学或许同药物学比较接近，稻盛就选择了有机化学专业。

但是这时的就职条件却必须是无机化学中的陶瓷专业，

稻盛几乎绝望了。想到若是错过这个机会可能面对长期失业的痛苦，稻盛心中被一种深刻的危机感所笼罩。好在离正式毕业还有半年时间，为了就业，为了生存，稻盛毅然决定改变专业，他找到无机化学系的岛田欣二教授，恳求岛田指导，准备相关的毕业论文。

正巧当时鹿儿岛县的入来町这个地方发现了一种黏土矿，于是稻盛就以《入来黏土诸种物理特性》为题着手写论文。由于无机化学必须从头开始，所以最后半年中，稻盛全力以赴，急起直追，放弃了全部星期天休息的机会，夜以继日地潜心研究。功夫不负有心人，稻盛的毕业论文有分量、有深度、有价值，在论文发表会上，受到了著名教授内野正夫的赞赏，认为它不亚于任何一位东京大学同专业的高才生所写的论文。这样，稻盛感觉从"山重水复疑无路"的绝望中，走进了"柳暗花明又一村"的境界，他顺利地进入了松风工业公司。

危机常常孕育着机会。稻盛后来回忆这段经历时说，自己日后在精密陶瓷领域内创业并获得成功，与当时严峻的就业形势分不开，与害怕失业因而发愤学习分不开。就是说，就业难反而促使他为走向成功创造了条件。

辞还是留

1955年4月,稻盛在全体家庭成员和众多乡亲好友的殷殷送别之中,意气风发,从鹿儿岛踏上赴京都之路,满怀希望和抱负地跨进了松风工业公司的大门。但是现实又向他迎面泼来一盆冷水。

稻盛被领到职工宿舍,呈现在他眼前的是一幢陈旧不堪、似乎随时都会倒塌的破房子。进屋一看,榻榻米破烂,席草外翻,看着令人生厌。在里面住惯了的前辈建议他买张凉席铺上遮丑。这样做后总算有点像样。因为职工宿舍不带食堂,稻盛只好自己动手,用火炉做饭。回忆前两天亲友们欢送时的热烈场面,稻盛怎么也没想到从学校进工厂,新的社会生活竟在这种破旧和冷清中开始。

宿舍是公司的缩影。松风工业生产高压绝缘器件曾有过一时的辉煌，但时过境迁，当稻盛进公司时，企业已经资不抵债，处于银行托管之下。工资老是迟发，更不敢奢望发什么奖金。稻盛从家乡出发时带了一点应急的生活费，从现状来看，连今后的吃饭问题能否切实解决，尚令人担忧。

稻盛每天下班后要去附近小店买菜做晚饭，因囊中羞涩，加上小店即将关门，只能买点大葱、天麸罗渣之类将就，但稻盛仍能做出可口的酱汤，一个人吃得津津有味。

有一次，小店老板与稻盛搭话："你常光顾，面熟了，在哪儿上班？"

"在松风工业。"

老板听了显出惊讶的神色："什么？你怎么在那家破公司，老家在哪里？"

"在鹿儿岛。"

"怎么老远的来投奔这个破公司？时间待长了怕连老婆也讨不到呢！"

稻盛费尽周折，好不容易才进了这家公司，原本胸怀大志来上班，指望干出一番事业。但企业这么破败，评价这么差劲，稻盛心里很不是滋味，满腔热情不免烟消云散。

和稻盛同时进松风工业报到的大学毕业生共五人，一见公司如此糟糕，其中二人马上就辞职不干了。不到半年就只剩稻盛和另外一个家乡在九州天草的京都大学的毕业生了。他们两人也很消极，虽然留下，但对公司已不抱任何希望，碰到一起就是发牢骚，说公司坏话，埋怨命运不公。

有一天，两人一边闲聊，一边照旧发泄不满。不知怎么的，两人突发奇想：与其在这个破公司里混日子，不如干脆去报考自卫队干部候补生学校。当机立断，说到做到，一到星期天，两人立即去附近的自卫队事务所领取申请书，又向公司请假一天，赶到伊丹的自卫队驻地参加考试。结果很顺利，两人都被录取了。

办理入伍手续，需要老家把户籍誊本寄来，提交给自卫队。那位京都大学的毕业生的户籍誊本很快寄到了。可是稻盛左等右等，望眼欲穿，就是不见寄来。提交期限一过，稻盛只好放弃，参加自卫队的梦想就此破灭。事后追问父母亲，才得知是哥哥不赞成。哥哥发火了："家里人节衣缩食，培养了一个大学生，托竹下先生牵线，好不容易才进了公司，工作不到半年就要辞职，算怎么一回事？"坚决阻止家里寄送户籍誊本。

这样，同期进厂的大学生只剩稻盛一人了。稻盛从仅有的生活费中挤出一点钱，为同伴饯行。看着他离开公司时兴高采烈的样子，稻盛不禁悲从中来：不知自己的厄运何时是个尽头！

但稻盛转念又想，究竟离开公司正确呢，还是留在公司正确？辞职转行到了新的岗位未必一定成功。有的人或许辞职后人生变得顺畅了；但也有人辞职后的人生更加悲惨；有的人留在公司努力奋斗，取得成功，人生美好；但有的人留任努力工作，人生还是很不如意。情况因人而异吧。"要辞职离开公司，总得有一个确凿的、符合大义名分的理由吧！只是笼统地感觉不满就辞职，那么今后的人生也未必就会一帆风顺吧！"

稻盛说："而当时，我还找不到一个必须辞职的充足的理由，所以我决定先埋头工作。这个决断迎来了我人生的转机。"

继续发牢骚，一味怨天尤人，除了使心情更加消极之外，没有实际意义。与其如此，不如摆脱不良情绪，埋头于眼前的研究开发，把本职工作先做好再说。稻盛在走投无路的情况下，决定改变自己的想法。

转机

人是很奇怪的,念头一变,命运就随之发生深刻变化。

当时,松风工业的主要产品是输电用绝缘瓷瓶。稻盛认识到,用于电视机、收音机等家用电器,即弱电用陶瓷零件的需求将大幅增加,因此决定对用于电子产品的工业陶瓷进行彻底研究,全力开发。

因为几乎没有与新型陶瓷相关的基础知识,所以一开始稻盛先去大学图书馆寻找有关的文献资料。那时还没有复印机,翻阅过期的行业杂志和大学纪要,发现重要的内容就立即抄写在笔记本上。同时,虽然囊中羞涩,还得购买研究用的书籍,并向美国陶瓷协会索要论文,辞典不离手,边看边译。总之，从获取基础知识着手开始工作。

依据从这类资料中获得的信息开始做实验，根据实验结果，再去寻求新的理论解释，然后再做实验。

在这个过程中，不知从何时起，稻盛就深深地为新型陶瓷的魅力所吸引。而且渐渐明白，新型陶瓷中秘藏着不可思议的、美好的前景。

"这样的研究，恐怕大学里也不会有吧，或许全世界也只有我一个人在钻研——这么一想，枯燥的研究也显得熠熠生辉起来。"

"开始时，有一半是强迫自己，但不久自己变得积极主动了，喜欢上了这项研究。再后来，就大大超越了喜欢不喜欢这样的层次，感觉到了这项工作所包含的意义。"

聚精会神搞研究，一丝不苟做实验，虽然辛苦，有时甚至夜以继日，但当实验中出现预想的结果时，喜悦之情难以抑制。稻盛大学专业是有机化学，陶瓷方面属外行，但缺乏专业知识有时反而是好事，可以不受成见束缚，跳出框框，自由想象，进行深入事物本质的、原创性的思考。稻盛的研究工作取得了可喜的成果，而且这种成果接二连三。松风工业是个小公司，缺乏人才，稻盛的研究成果显得十分突出，受到上司的表扬。小青年给点阳光就灿烂，一受表扬就更加来劲。

这种情况下，稻盛就觉得回宿舍也嫌麻烦，反正是单身，单身有单身的方便，干脆将做饭的炊具和睡觉的被褥都搬进了实验室，饮食起居都在实验室，脑子想的全是研究课题，有时甚至记不清何时起床何时睡觉。痴迷于研究，这样的日子持续了一年之久。

洗刷罐磨机

研究陶瓷材料，需要在玛瑙制的乳钵里将原料混合，或整天开动粉碎原料的罐磨机，这罐磨机中有若干小型研磨球，靠研磨球不断滚动将原料粉碎。

稻盛对于这么简单的作业开始时并不特别留心，但有一次，一位先辈技术员使用刷帚仔细清洗罐磨机的情景吸引了他。

罐磨机中研磨球经常会有伤痕或缺损，在它的凹坑中粘附着上次实验留下的少许粉末，这位先辈在原料混合前先用刮刀将凹坑中的粉末剔除，再用刷帚将球清洗干净。稻盛想："一个大学毕业的汉子却干着这么琐碎的小事。"

然而在多次实验中，有几次结果同自己预想的不同。"究竟是什么原因呢？"稻盛百思不得其解。突然，那位先辈技术员的形象在他眼前浮现，一瞬间，稻盛仿佛让人猛击了一掌。

"原来如此啊！因为洗研磨球时马虎粗心，前次实验的粉末，虽然只是少许，却留在了球的凹坑里。就因为混入这一点点粉末，使得陶瓷的性能发生了微妙的变化。"

那位先辈将罐磨机仔细清洗之后，又用挂在腰间的毛巾认真擦拭。"连洗刷这么单纯的作业竟也要做得如此彻底！"稻盛深有感触。

有关陶瓷的制作原理，教科书上写得很简单，就是将原料的粉末混合后成形，再在高温中烧结，成品就出来了。但实际上，照书本做却做不成。高温究竟是多少温度，加热过程怎样，用多长时间等等，需要自己反复试验，经过艰苦努力之后才能弄懂。那位先辈只是一位脚踏实地、默默无闻的技术员，但是他那一丝不苟、认真洗刷器具的身影却教给了年轻的稻盛重要的道理。

从那以后，不管多冷的天，在实验室后面的食堂里，稻盛用冷水仔细清洗罐磨机，认真察看有无杂质残留，然后用腰间的毛巾将它擦干，以备下次实验再用。

就这样，或用玛瑙乳钵和罐磨机将原料混合，或将器具清洗，稻盛日复一日，不厌其烦地做实验。一边努力工作，一边不由得想："自己大学毕业从事陶瓷研究，每天却做这种琐碎的事，将来能有出息吗？"虽然将热情倾注在研究工作上，但内心一直抱着对于将来的不安。

"一辈子这么干下去，到底会有什么成果呢？"稻盛有时也感到焦躁，有时甚至情绪消沉。

喜形于色

确实，持续埋头于工作、搞研究，同专心学习一样，也像僧人专注于修道，是苦差使。无论做什么，如果只有艰苦而没乐趣，就很难长期坚持。因此，有必要在工作或学习中寻找喜悦和快乐。

稻盛说："我在一个亏本的企业里搞研究，研究出了好的成果我就很高兴，受到上司的表扬我就更高兴。就这样，我在工作中寻求乐趣，带着好心情努力持续我的研究。"

研究室里有一位头脑聪明的青年助手，帮助做测试工作，他毕业于京都一家名牌高中，因家庭经济困难没能上大学。

当测定出的数据与稻盛预测的这种材料物理性能一致，实验成功时，稻盛会非常兴奋。他甚至会从地上跳起来，用整个身体来表达喜悦之情。但这位助手却感到很诧异，用冷冰冰的眼光看着稻盛。

他比稻盛还年轻好几岁，却出奇的冷淡。有一次稻盛又开心得跳起来，并对他说："喂！你也该高兴啊！"

不料，他却带着鄙夷的神色，说道："稻盛，说句失礼的话，值得男子汉兴奋得跳起来的事情，一生中也难有几回。但看你的样子，动不动就高兴得手舞足蹈，甚至叫我也要同你一起高兴。说你轻薄好呢，还是轻率好呢？"

稻盛只觉得后背一阵冰凉，一时语塞，心想："你这家伙，未免太冷漠了吧！"

作为上司，让助手如此菲薄，那怎么行！过了一会，稻盛反驳说："你说什么呢？你这样冷漠地看待事物，你的人生将很暗淡。因为小小的成功就能感到喜悦和感动，这真是太好了。为了持续这种枯燥的研究，有了研究成果，就应该真挚地表达喜悦。这种喜悦和感动能给我们的工作注入新的动力。特别是现在研究费用不足,研究环境很差,在这种条件下,要把研究持续下去,我们就要为小小的成功而高兴,这样才能给我们增添新的勇气。所以不管你说我轻薄也好,轻率也好,有一点小小的成功,我就会从内心感到喜悦,我不掩饰这种喜悦,我要过一个乐观开朗的人生。今后我照样要为小小的成功而开心,并由此把工作向前推进。"

入社才两年,就能讲出这么一番道理,稻盛为自己感到骄傲。可惜他的话却不为那位助手所理解。结果在两年后,那位助手悄然辞职离开了公司。

京都人和鹿儿岛人

在这位助手的观念里，男子汉应该有城府，应该喜怒不形于色。稻盛因小小的成功就眉飞色舞，他看不惯，还加以讥讽。虽然他很聪明，很有理性，作为助手也很得力，但与他年龄不相称的冷漠，给了稻盛一种刺激。这位助手后来离开了稻盛，稻盛觉得很惋惜，他说如果这位助手后来能一起创业，他的人生可能大不一样。稻盛虽然与他辩论，不赞成他，但稻盛对京都人的理性和精明却非常赞赏，而且认为自己能在京都工作和创业，是天赐的良机。

稻盛在京瓷成功后，52岁时就创立了被称为"亚洲诺贝尔奖"的"京都奖"。这奖项的命名不叫"稻盛奖"，也不用其他名称，而要用"京都奖"这一称呼，原因除了京瓷位于京都市，员工有许多京都人，公司受到京都各方面的关照外，还因为京都的风土人情培育了稻盛，塑造了他的人格，在他原有的鹿儿岛萨摩人豪爽的性格中更多地加进了冷静务实的气质，而这两者都是成熟的企业家必须兼备的素质。

稻盛到京都工作后不久，很快就感受到京都与故乡鹿儿岛的差异。比如应朋友之邀，到京都有教养的家庭去做客，到傍晚时分，女主人会说："已经不早了，不好意思，只有简单的咸泡饭，请吃了走吧！"如果你回答说："那好，我就吃了再回家吧。"那人家就认为你是乡下人，不懂礼貌。因为"只有简单的咸泡饭"这句话背后的意思是"到时间了，你该回去了"，并不是真的要留你吃晚饭。这时候，京都人标准的应答是："在你家打扰久了，对不起，我这就告辞了。"这样一种沟通方式，对于生性率真的鹿儿岛人来说，有点费解。

鹿儿岛人热情开朗，乐于助人，又出过像西乡隆盛这样的志士兼哲学家，所以鹿儿岛出身的人中间，作为教师、教育家或学者而成功的人不在少数，但成为企业家的却很少，因为企业家为了率领团队，需要有理性的甚至冷酷、不讲情面的一面，需要坚韧不拔的性格。

稻盛说自己从大学踏进社会时并不具备冷酷、不讲情面的一面，有机会到京都就职以后，才知道要成就事业，"理性的冷酷"必不可少。另外，据说鹿儿岛及熊本一带的人，过去打仗时，进攻很勇猛，但一旦撤退，往往溃不成军。就是说南方人缺乏韧性和耐力。

而京都是所谓"千年王城"，1200多年的历史中，战乱、政权更迭不断。不管谁得天下，京都人都有保持自己传统生活方式的智慧，表面上顺从当权者，实质上往往"面从腹背"、阳奉阴违，不买统治者的账。在第二次世界大战后的几十年里，京都一直由革新派知事当政。这是一个有反权力倾向的、有智慧的城市。到了京都这个地方，性格直率的稻盛常常被贬为傻瓜，老被人说："你傻呀？"

被人轻蔑为傻蛋，当然更得不到他们的尊敬，更谈不上领导他们开展事业了。"那么好吧，让我也来学习京都人的精明吧。我原有的西乡式的豪爽姑且放在一边，先彻底地学一学京都人的逻辑性、合理性、坚韧性。从此我的性格发生了很大的变化。"稻盛这么说。

另外，稻盛夫人须永朝子是典型的京都性格，稻盛在受到夫人无微不至的照顾的同时，也领略了有独立性格的京都女性的厉害。

稻盛从小在家庭的潜移默化下，继承了母亲的热心和父亲的谨慎这两方面的性格；从鹿儿岛带来的豪侠气质中又加进了京都人的精明；而朝夕相处的妻子在日常生活中也磨炼了他的忍耐力；还有下一节要谈到的，鹿儿岛出身的两位豪杰迥然不同的气质也给了稻盛深刻的影响。

总之，要做一个出色的经营者，要成就一番事业，光有热情和豪爽还远远不够，还必须具备京都人冷静而坚韧的气质，这一点特别重要。后来京都出了一大批世界性的、出类拔萃的优秀企业，京瓷之外有村田制作所、任天堂、欧姆龙、罗姆、岛津制作所等等。出现所谓"松茸群生"现象决非偶然。

冷峻的大久保

在幕府末年,鹿儿岛同时出了两位赫赫有名的维新豪杰西乡隆盛和大久保利通。两人都出生在岛津藩下级武士聚居的加治屋町,相距不足百米。两个人性格迥异,他们同为明治维新的元勋,开始是亲密的同志,后来成了敌人。这两位人物对稻盛都有深刻的影响。

西乡隆盛是一位人格高尚的政治家、思想家,他具备无私博爱的宽大胸怀。他是维新派的灵魂人物,他的故事令人荡气回肠。稻盛从小就敬仰他,为他的魅力所倾倒。而作为同乡的另一位英雄大久保利通,因为将西乡赶下台而在家乡缺乏人气,稻盛年轻时在感情上也对他敬而远之。

稻盛到京都工作后，感觉到京都与鹿儿岛民风的不同，才慢慢懂得大久保的可贵之处。大久保冷静务实，追求合理性，不讲情面，这在鹿儿岛人眼里是一个异类。当时的鹿儿岛人保持着"一人得道，鸡犬升天"的意识，认为同乡人做官当了权，录用亲戚朋友，讲情义，是美德。当同乡们自称是朋友要求大久保接见并给予照顾时，大久保干脆说"我不认识你们"，把他们赶回老家。所以同乡们传说大久保不知恩义，冷酷无情，六亲不认。

稻盛在京都兴办公司后也遇到了类似的情形。突然从鹿儿岛打来电话，要稻盛接听。秘书说，稻盛正忙着呢，没有空。对方马上表示不满："你说什么？我是他小学时代的好友。"秘书没办法，只好叫稻盛来接。稻盛一听，根本记不起是谁。对方不依不饶，一定要见面。见面后才知尽是些不认识的叔叔辈人物，提出的要求也千奇百怪。遭到拒绝，回到乡里，他们便传播流言："稻盛那家伙可傲慢了，自以为了不起，目中无人。"

大久保在幕府倒台后，作为明治政府"岩仓使节团"的一员，视察了欧美诸国，痛感日本在近代化方面的落后，他抱着强烈的使命感，在构筑日本现代国家和新政府体制中起到了核心作用。革命需要破坏，但破坏后必须重建。这时候，燃起理想的火焰、带着明确的目的意识、理性而务实、擅长具体设计和操作的大久保这样的人物就是时代的需要。

当新闻记者采访稻盛，问稻盛对"为达目的不择手段的大久保如何评价"时，稻盛对大久保的历史作用和他冷峻务实的作风作了高度评价，并对记者说："我不喜欢你所谓'为达目的不择手段'这种提问的方式。"

稻盛还说服鹿儿岛人在家乡建造了大久保利通的纪念铜像。并极力提倡经营者要把西乡的理想主义和大久保的现实主义合于一身。

绊跤得灵感

　　稻盛先生开发的新型陶瓷，难点在于材料的纯度和成型。传统的陶瓷器具使用黏土，黏结性及成型没有问题，但因为混有杂质，烧结后达不到所需的纯粹的物理性能。用某种矿物粉末代替，纯度可达标，但它松脆，没有黏性，无法成型，因而无法烧结成产品。这一难题一直困扰着稻盛先生，使他大伤脑筋。他反复思索，有一天晚上，他一边思考，一边走进实验室，不小心被一容器绊着，差一点跌倒，正当他无意识中叫道"谁把这东西放在过道里"时，发现鞋子上沾上了黏黏糊糊的褐色的松香树脂。是其他技术员做别的实验时用的一种树脂。

"就是它！"一个念头在他脑中闪过。他立即动手，用铁皮敲成一个锅，在锅里放进矿物粉末，加进树脂，加热后像炒饭一样拌匀，然后放进模具成型。成型成功了，而且非常理想。成型后的半成品在烧结时，树脂被烧尽挥发，成品中不留任何杂质。这个问题以这样的方式解决，稻盛先生称之为"神的启示"。

还有一个问题没解决，新型陶瓷作为精密的工业产品，公差只允许在正负零点几毫米之内。而烧结后的东西比成型时体积大大收缩了，而且由于条件不同，收缩率也不同。经过反复试验，稻盛先生掌握了纵向和横向的收缩率，最后做出了精度在正负0.1毫米内的新型陶瓷产品，这在当时是一个值得自豪的高精度。

利用这项技术，首先制造出用于电视机、收音机的高频电流的绝缘材料，最初批量生产的产品，是松下电器的电视机显像管里的绝缘材料。

稻盛说："使用松香树脂这类有机物帮助成型，这种方法现在已是常识，但是，当初第一个发现它的却是我。然而，当时在我头脑里闪过的这种灵感，并非出于我个人的实力，在我偶然绊上松香树脂容器的一刹那，上帝给了我启示，让我产生'思想的闪光'。上帝看到我日日夜夜、呕心沥血、苦苦钻研的样子，心有不忍，可怜我，故意让我绊跤，赐予了我最高的灵感，我想事情就是这样。"

这种材料同美国当时最负盛名的 GE（通用电气）公司研究所一年前在全世界首先合成成功的材料，结构完全相同，但合成方法却完全不同，也就是说稻盛先生的方法也是世界首创，而且竟可以同 GE 匹敌。

既无精密设备，又无理论指导，京都一家破旧的瓷瓶工厂，一个无名小卒，初出茅庐的小伙子，赤手空拳，居然搞出了同世界超一流公司 GE 相媲美的科研成果。有人说这好比中彩，是偶尔的幸运。令人不可思议的是，这样的幸运后来竟然接二连三地发生了。从发明新材料的那一时刻起，稻盛的工作和人生开始有了转机，进入良性循环。这种良性循环不仅开始改变他的命运，而且让他开始隐隐约约地意识到，有一种非常重要的、类似人生观似的东西在心里面萌动。稻盛从自己的切身经验当中，感悟而且归纳出了人生最重要的真理。这个真理就是人的想法、心态、人生观，对于工作、对于工作的结果，乃至对于人生的决定性的作用。这种意识和存在的关系，就是哲学。

晓以大义名分

订单多，任务重，工作忙，"特磁科"人手不足。另一方面，原是公司主力的"绝缘瓷瓶科"却因订货减少而人浮于事。公司本打算解雇多余的人，但遭到工会的强烈抵制，公司就希望"特磁科"接受这些富余人员。

但"绝缘瓷瓶科"的员工已经养成了磨洋工的习惯，如果转过来，特磁科表面上人手增加，实际上工作效率反而降低。稻盛看到了这一点，因此决定亲自去职业介绍所挑选合适的人才。他去了京都车站附近的"七条职业安定所"，在那儿面试并录用了浜本昭市（后曾任京瓷专务）和伊藤谦介（后曾任京瓷会长）等人。

这些人后来都成了京瓷的骨干，但当时他们刚从学校毕业，不仅缺乏专业知识，而且不理解工作的意义。虽说是从事陶瓷新产品的开发研究，但到生产现场一看，却是一份既肮脏又繁重的苦差事。比如，实验时要将陶瓷粉末混合，粉末塞满鼻孔，不但是体力活，简直就是受罪，哪里像搞学问、作研究，加上松风工业没有一台像样的实验设备，他们根本感觉不到自己在从事尖端技术的研究开发。同时因企业效益差，工资很低，在这种情况下，让他们理解"为什么必须拼命工作""工作的意义何在"，稻盛认为实在非常重要。

一到晚上，稻盛就把满身粉尘的员工们召集在一起：

"宝贵的人生只有一次，让我们珍惜吧！一天也不可虚度，让我们努力吧！"

"只有理论，不懂实践，就永远理解不了陶瓷的本质。我们的研究工作意义重大而深远，这是东京大学、京都大学都做不了的事情。"

"如果没有我们开发和生产的陶瓷元件，显像管的生产就难以进行。如果我们的产品质量不好，电视画面就会模糊。让我们开发出更多更好的产品，为社会的发展进步作出贡献。"

稻盛一遍又一遍，向部下反复诉说工作的意义，阐述艰苦的劳作中包含的"大义名分"，让大家为自己的工作感到自豪。因为总是在下班时才开始讲解，所以等到讲完，往往已经夜深，但大家总是很专心，听得津津有味。

为了加深同事之间的感情，做到彼此心心相印，稻盛经常带大家到离厂二三百米的车站旁的小酒馆喝一杯，大家打开心扉，畅所欲言。"过去我们都素不相识，毫无关系，现在每天都在一起工作，这是一种缘分。我们要珍惜这份难得的、可贵的缘分。"稻盛见时机适当，总会插进这样的话。而喝到最后，又把话题拉回到工作上："这个实验明天再做一遍。""那个实验明天要再想些办法。"

稻盛工资不高，除部分寄回老家，剩余的一大半都用在这里，用在为教育部下而花费的酒钱上。虽然生活相当艰苦，但看到大家迸发出的工作热情，看到大家团结互助的精神，稻盛就由衷地感到高兴，觉得生活上的艰苦根本算不了什么。

　　稻盛拼命钻研，开发出了不起的新产品，给死气沉沉的松风工业带来了生机；同时他又结合实际，不厌其烦地向部下讲述工作和人生的意义，以期引起大家的共鸣。而部下又不觉其烦，即使夜深，照样"听得津津有味"，而且接受稻盛的观点，齐心协力，团结奋斗，可见年轻的稻盛身上有着怎样的一种魅力。而浜本昭市、伊藤谦介等本来极为普通的人，在紧张而艰苦的工作实践中，在稻盛潜移默化的影响下，后来都成长为出色的经营者，正应了"近朱者赤"这句古谚。

禁止加班

企业因人手不足，或交货期来不及等原因，往往要加班加点。但稻盛当时却反对加班。

当时，松风工业工资不能如期发放，而加班费倒能及时领到，加班费成了员工的生活费，所以出勤不出力，上班时松松垮垮，不认真干活，故意留活儿加班做，混加班费成了企业的顽症。稻盛不能认同这种不良的风气，他旗帜鲜明，坚决反对。别的部门空闲却加班，而特磁科在松下订单增加、任务繁忙之际，稻盛却在科内提出"禁止加班"的口号。

稻盛的想法很简单：新产品刚刚开始批量投产，如果大家都混加班费，产品成本必然增加，企业利润减少不说，必然降低产品的竞争力。控制加班就是控制成本，产品有价格优势，物美价廉，就能吸引更多的客户订单，到时你不想加班也得加班，这种加班才有价值，在此之前必须严格控制加班。

道理固然不错，但稻盛一提"禁止加班"，科内的部属异口同声表示反对。工会干部也出面干涉，工会主席对稻盛横加指责："你算什么？你不是管理干部，谁给你权力来乱发指示！"稻盛胸有成竹，一步不让："让新产品在市场上获得成功比什么都重要，为此必须保持成本优势，决不能乱付加班费。"

在加班费问题上，稻盛有发言权，他一贯以身作则。虽然工作忙，不得不经常加班，做实验常常通宵达旦，但他自己从未领过一分钱的加班费，却为一起加班的部下申请加班费。稻盛认为新产品刚刚问世，非成功不可，必须维持价格方面的竞争力，为此，新产品必须排除额外成本，决不允许为了拿加班费而故意加班。另外，全体员工都要借此建立必要的成本意识。

人的气力用不完，工作潜力极大，在同样报酬之下，与其马虎偷懒，不如认真努力。从长远看，发愤努力对集团、对自己都有益无害，特别对自己的成长好处更大。

稻盛坚守原则，同时苦口婆心地说服大家。开始时许多人不服气，但经不起稻盛反复地说服解释，他们渐渐理解并接受了稻盛的意见，并从内心产生共鸣，拼命工作，不计报酬。后来人们都称赞："稻盛的特磁科是特种部队。"实际上稻盛认为自己只是做了该做的事而已。

拒绝罢工

工人罢工有各种各样的原因，因时代、国家以至当事双方情况不同而不同。

1957年，即稻盛进厂后的第三年春天，为了增加工资和反对企业裁减员工，工会发动了大规模罢工。因劳资矛盾引发罢工，在当时的日本司空见惯，那时日本每年都有"春斗"，而这次来势更猛。

稻盛深感忧虑，如果听任罢工蔓延，特磁科的生产也只好停止，好不容易获得的订单就会泡汤，同松下签订的合同无法履行，企业信誉丧失，松风工业公司本身也将难以为继，这对谁都不利，包括主张罢工的人在内。

工会带头闹一闹，罢工短期结束不要紧，如果旷日持久，松下决不会坐等。丧失大客户松下的信任，就可能丧失订单，丧失企业的生计来源，迄今为止的一切努力、千辛万苦都将付诸东流，到头来公司破产，员工失业，流落街头。

为了避免事态严重化，稻盛认为，即使冒破坏罢工的风险也要坚持生产。别的部门鞭长莫及，力不从心，自己管辖的特磁科可以动员。他召集部下，晓以大义："要求加工资是好事，我也很想加薪，但因此而罢工，让生产停顿，就会给客户带来损失，松下的电视机就会因待料而不能装配，松下必然会另找生产厂家。客户跑了，我们要靠新型陶瓷重建企业的打算必然落空，我们就会前功尽弃，企业将无法生存。我们已经站到了悬崖边缘。企业一旦破产，不要说涨工资，连明天的饭锅也将揭不开。因此我们不参加罢工，生产照样进行。但这样做就会得罪工会，我们可能被孤立，可能被围困，大家一定要齐心协力。"

当时稻盛管辖的特磁科营业额虽然只占全公司的十分之一，却是松风工业唯一的盈利部门。因为生产设备不足，产量也就不高，松下催货很急，产品一做出来，马上就被运走，好像要抢似的。这种情形下，即使生产停顿一天，也会给客户造成很大困惑，稻盛深知这一点。

客户急需促使特磁科的员工产生紧迫感和责任感，同时稻盛平日的教育起了作用，加上稻盛反对罢工的理由正当又具说服力，特磁科的员工全都表态支持稻盛，不参加罢工。

公司大门由工会组织的纠察把持，人员只允许进不允许出，稻盛拿出大部分工资买了许多罐头食品，同时将被子、枕头搬进工厂，吃住都在厂里，以此维持生产。

那么产品怎么运出去呢？特磁科有位女同事，是稻盛工作上的助手，此时与男同事一起住在厂里不方便，就当起了运输工。每天凌晨，稻盛趁人不备，在车间后面的围墙上，将包装好的产品放到墙外，由等候在那里的女同事接手，送到松下公司。这位女同事后来成了稻盛夫人。

工会指责稻盛"装好人""破坏罢工"，骂他是"公司的走狗""内奸"等等。稻盛是有信念的人，一心只想以新型陶瓷来重建公司，既然有理想支撑，所有的谩骂和非难自然统统不在话下。稻盛毫不退缩,对前来兴师问罪的工会干部理直气壮地说:"我不想阻碍工人运动,也从不讨好公司老板,更不是什么走狗内奸。我只想以新型陶瓷来重建公司,我不愿看到刚刚点燃的希望之光因罢工而遭扑灭。"

罢工持续了两个月之久,特磁科却从未间断生产。工会干部也晓得特磁科特殊,全厂就靠它赚钱,特磁科停产,大家都得跟着遭殃。同时他们也被稻盛的诚意和热情所打动,虽然嘴上还是批评稻盛"动摇军心,破坏团结",实际上态度已经有所软化,默认了特磁科的做法,只是提醒稻盛他们:"不要刺激工会人员,进出大门不要太张扬。"所以罢工虽然延续,特磁科却可以自由购进食品、运出产品,自始至终没有给松下公司带来麻烦和损失。稻盛的好心最后总能得到好报。

直面批斗

物质有自燃性、不燃性、可燃性三类，人也如此。稻盛属于"自燃性"一类，在实践中自己就能领悟真理，是"无师自通型"。第二类"不燃性"，或叫"教亦不通型"。第三类"可燃性"，或叫"教而后通型"。第一类、第二类是少数，第三类"可点燃"、可教育的是多数，因而教育就有必要，就有意义，人类也总还有希望。

稻盛的特磁科看似铁板一块，却也有一位属于"不燃性"、无法教化的年轻人。他喜欢偷懒，做事不认真，也不吃稻盛那一套，稻盛讲话常引发听者的共鸣甚至感动，但对他却像对牛弹琴一样，不起作用，他与这个团队格格不入。

这样一个人的存在，不仅影响现场的工作气氛，如果放任不管，他的坏习气还可能感染别人而产生同党。当时稻盛已领了特磁科主任的头衔，这人不服从命令、不听指挥，对上司的教育置若罔闻，等于违反职务规则，稻盛有理由、也有权力劝他辞职。有一天稻盛把他叫来，指出只有改变态度才能继续留下工作，如果不愿改变只好请他开路。他却无动于衷，没有丝毫悔改之意。

稻盛在无奈之下要求劳务部长将他解雇，但这位部长却生怕引起纠纷而态度暧昧，迟迟不作处理。不仅如此，还传出一种说法：稻盛是无事生非、多此一举，是故意与员工、与工会作对。

这位当事人以及劳务部长分别把稻盛要求解雇的意见通报给工会，工会决定批斗稻盛。

进了公司大门，正面是一个池塘，一边堆着几只装满绝缘瓷瓶的木箱。一天，工会人员命令稻盛站在木箱上面。

"站在上面的这个家伙，无缘无故就要开除我们一位善良的工友。我们决不容忍，决不允许他横行霸道。"

一位工会人员话音一落，箱子周围其他几位人员就一齐呐喊叫嚷，那气势好像稻盛就是示众的罪犯。稻盛虽然有点意外，也有些吃惊，但并不害怕。

　　"各位，你们了解这个人吗？你们知道他的工作表现吗？如果明知他工作很差、没有责任心，你们还要支持他，为他辩护，称赞他善良，认为他对、我不对，那么我马上就辞职。不过我要告诉你们，如果你们是非不分，一味维护懒惰落后的人，企业是要垮台的，你们工会也会垮台的。"

　　稻盛是一个讲究并坚持原则的人，对错误的东西不肯随便妥协，他有自己判断事物的基准，按自己的信念行事，不动摇，不屈服于外界的压力。他相信，只要将正确的事情以正确的方式坚持到底，即使有人一时不愉快，甚至抵制、反对，大多数人最终还是能够理解和认同自己，事态总会出现转机，问题总能得到解决。

辞职创业

新产品开发常常遇到意想不到的困难。当时晶体管还没出现，为了缩小电视机的尺寸，各个厂家都想方设法将电子管小型化。日立制作所找到稻盛，希望试制陶瓷真空管。如果这个产品试制并生产成功，将会有广阔的市场，稻盛满怀信心地投入研究开发。但日立提出的标准很高，要达标很难，每天"苦战恶斗"，好不容易做出的样品，对方总不认可。但稻盛的性格是"明知山有虎，偏向虎山行"，愈挫愈奋，越是失败越能燃起他的斗志。

稻盛原来的上司青山政次先生因与新社长意见不合被调离技术部长岗位，到社长室干闲职。新来的技术部长原本是做古董生意的，对象棋、围棋很有研究，但对陶瓷技术却一窍不通。

这位部长看到新产品迟迟不见成功，就对稻盛说："对不起，你的能力已经到了极限，不必再勉强了，你就撒手，让别人来干吧！"又说："公司里可有许多比你更优秀的、名牌大学毕业的技术人员呢。"

这话真如当头一棒，给稻盛猛烈的刺激，这明明是对出身乡村大学的自己的蔑视，是对自己的工作乃至人格的否定。稻盛沉默片刻，控制住自己的感情："那好，你就请他们干吧！我辞职，现在就辞。"

在一个工作条件恶劣、面临破产危机的公司里，稻盛怀着梦想，不计报酬，废寝忘食、夜以继日地拼命干，公司居然熟视无睹，也没人愿意去理解这些年轻人的心情。在既不值得信任、更不值得尊敬的人手下工作，实在难以忍受。

稻盛的工作态度和实绩有目共睹，而且公司起死回生的希望就在他身上。听说稻盛要走，社长赶紧来挽留，在一家有名餐馆请稻盛吃饭："不要辞了，部长不是那个意思。"稻盛答复很干脆:"对不起,我已经不想在这里干了。""大丈夫一言既出,驷马难追。"最后,为了便于交接,稻盛答应做到年底再走。

听说稻盛要辞职,特磁科的同事伊藤、浜本等人晚上都聚到宿舍,异口同声地说:"我们也不干了,我们跟稻盛君走。"后来,前任技术部长、稻盛的上司青山政次也提出要一起辞职:"我找朋友商量,帮你办一家公司,让你的技术发扬光大。"听到这话,稻盛不免惊喜。青山政次56岁,比稻盛大30岁,比稻盛的父亲还大5岁。

当时的日本社会,想白手起家创办公司谈何容易。青山带着稻盛找到京都大学工学部同窗、时任宫木电机公司专务董事的西枝一江和常务董事交川有两位先生。开始时交川抱有疑惑:"不论稻盛这个青年多么优秀,一个二十六七岁的毛头小伙子,能成何事?青山你是不是太轻率了?"但青山韧劲十足,不折不挠,一遍又一遍地游说,不停地讲新型陶瓷如何前景广阔,稻盛这个小青年如何与众不同。禁不住青山的热忱和坚持,西枝和交川决定向宫木社长汇报。宫木社长自己就是一个技术型风险企业的创业者，对这件事比较理解。最后由宫木电机的几位董事出资成立一个公司，并让稻盛以技术出股的形式获得 1/10 的股权，公司经营全权委托给稻盛和夫。

促成这件事，青山的热情以及青山与西枝、交川三人间的友谊是一个重要原因。但青山的热情来自对稻盛的了解和信任，也可以说来自稻盛的人格魅力。几位素不相识的人出钱，将赌注压在一个 26 岁的青年身上，稻盛喜出望外，同时感到责任重大。

西枝先生不仅是新公司的出资人之一，而且以自家房屋作抵押从银行贷款 1000 万日元，帮助解决新公司流动资金不足的问题。西枝征求夫人意见时说道："听说有个叫稻盛的年轻技术员想办公司，见面后发现这个年轻人非常优秀，很了不起。我很想在资金方面助他一臂之力，但现在我们没钱，我想用家里的房子担保从银行贷款。但万一这个公司倒闭，我们的房子会被银行收走。"他夫人说："一个男子被另一个男子迷住，那就是动了真心，我岂能反对。"

新公司"京都陶瓷"设立一事就这样决定了。在稻盛只有六个榻榻米的宿舍里，八位从松风工业辞职的同志聚集一起，除青山年龄比较大之外，其他都是二十多岁血气方刚的青年，房间简陋却热气腾腾。虽然决定成立公司，但公司前景如何，谁也说不准，但大家表示，即使公司失败，就是去打零工，也要支持稻盛将新型陶瓷的开发研究进行下去。有这样一群肝胆相照的同志说出这样的肺腑之言，稻盛既兴奋又感动，同时心里有一种踏实可靠的感觉。

为了把大家的决心聚集并固定下来，稻盛提议大家歃血为盟，众人一齐附和。于是写下如下誓言："我们能力有限，但我们决心团结一致，努力奋斗，为社会、为世人作贡献。在此我们以血盟明志。"稻盛带头割破自己的小手指在宣誓书上按下血印，并告诫大家切口不要太深，以免恢复期太长，影响工作。

虽然将有自己的公司，自己的能力可望发挥，但是没有钱，没有设备，没有经验，有的只是同志间的忠心赤胆。虽说人心易变，但一旦人和人心心相连、心心相印，其力量强大无比。人心齐，泰山移，成就历史的伟业就靠这种力量。

1958年12月13日稻盛正式辞职离开松风工业公司。第二天即12月14日，稻盛和自己在特磁科的助手须永朝子在京都市政厅一个房间里举行了婚礼。除双方亲戚外，只有几位按过血印的同志出席，婚宴简朴，只有咖啡和蛋糕。

1959年4月1日，在京都市中京区西京原町，宫木电机公司内一幢木造两层小楼内，京都陶瓷公司（简称京瓷）宣告成立，资本金300万日元，员工28名。

这一年稻盛只有27岁，年龄虽轻，却经历颇丰，贫困、重病、战祸、升学受挫、就职不利等，对于年轻人而言都是最严酷的考验；同时在松风工业的四年也让他有了开发新产品并与松下做生意成功的经验；更重要的是，他从失败的教训和成功的经验中，归纳提炼出了自己的人生哲学。其后的实践证明，这个哲学的力量强大无比。

新公司成立当年就盈利，而后连续高速发展。短短四十年中稻盛创建了京瓷和KDDI两家世界500强企业。

稻盛说企业之所以成功，是因为京瓷和KDDI"具有正确和明确的经营哲学，而且这种哲学为全体员工所共有"。

瞄准世界第一

稻盛是三流大学毕业生，一起创业的 28 名员工大多是初中毕业生，都是普通的人。但是，稻盛在松风工业四年的工作实践，特别是领先世界的新产品的开发成功，以及同松下电气做生意成功的经历，使他内心产生了强烈的自信。既然要办公司就要办成世界一流。京瓷成立后，只要一有机会，稻盛就会向员工们诉说："让我们拼命干吧，我们要创造一个卓越的公司，首先要成为西京原町第一的企业；西京原町第一以后，就要瞄准中京区第一；中京区第一以后，接着是京都第一；实现了京都第一，再就是日本第一；日本第一后，当然就要世界第一。""每晚加班到深夜，厂门口总有叫卖面条的小贩应时而来,我和员工们总是边吃夜宵,边说未来的梦想,那情景似乎至今仍历历在目。"

但是实际上,即使是做到西京原町第一也绝不是什么简单的事。

西京原町街区不大,但当时已经有了非常出色的企业——京都机械工具公司,生产汽车保全用的扳手、扳钳等工具。当时汽车产业蓬勃兴起,这个企业从早到晚机器轰鸣,充满生气。

京瓷带着刚刚创业的锐气,加上稍有懈怠就可能垮台的危机感,大家夜以继日地拼命工作。但每当深夜工作结束、路经京都机械工具公司时,那里依然灯火辉煌。比京瓷不知大多少倍的企业还这么努力,要成为西京原町第一,谈何容易!

至于中京区,当时已经有了京都有代表性的企业——岛津制作所,这家企业后来还出了诺贝尔奖的获奖者,非常有名。要成为中京区第一,就必须超越岛津制作所。

就当时京瓷的规模和实力来说,京瓷想超过它们简直是白日做梦。"资金、设备、技术、人才，什么都缺的状况之中，我却一味热衷于对员工们讲述将来之梦。以员工的立场冷静直面现状，我的理想简直荒唐无稽，不过是经营者的戏言而已。""有时连我自己也不免半信半疑：'这果真行吗？'"

然而，稻盛却认为："纵使是不自量力的梦想，是看似高不可攀的目标，还是要在胸中牢牢树起这个目标，在大家面前揭示这个目标，这一点非常重要。为什么？因为人本来就具备使梦想成真的巨大潜力。要成为日本第一的企业！在不断持续这个意念的过程中，不知从何时起，就会觉得这是理所当然的事。员工们也一样，会在不知不觉中和我一起共有这个似乎'荒谬的'目标，并为此每天都作出最大的努力。这种每天努力的积累，将我们京瓷带到了创业时谁也想不到的境界。高目标就是促使个人和组织进步的最大的动力。"

用百米赛速度跑马拉松

稻盛创办京瓷时，日本同行业内早已有了规模较大而且非常优秀的企业。比如仅在名古屋，就有日本特殊陶业公司和日本电瓷瓶公司两家有名企业。前者生产汽车发动机点火装置，同时也在研究开发新型陶瓷。日本电瓷瓶公司生产输电线路用的电气瓷瓶，技术实力强大。稻盛先生初次就业的松风工业公司，就是败在它的手下，不久破产了。

当时的京瓷仅是一家街道工厂，与上述公司无法类比。资金、厂房、设备、人才、技术、经验以至企业声誉等任何一个方面，或者从综合实力上讲，稻盛先生说："同它们比，刚刚成立的京瓷，几乎可以说没有什么'能力'。"要缩短与这些优秀企业之间的巨大差距，要赶上并且超过它们，除了抱有异乎寻常的"热情"，作出不亚于任何人的"努力"之外，别无他法。

稻盛先生和他的团队一开始就齐心协力，夜以继日地拼命干，不久大家都显得筋疲力尽。虽然工作卓有成效，但是这样高强度的工作，体力上能吃得消吗？能长期坚持下去吗？不仅员工中有怨言，就是稻盛先生自己，有时也觉得这样极度的辛苦，恐怕难以为继。

稻盛先生对员工们这样说："我们的竞争对手，从第二次世界大战结束的1945年就着手经营。用马拉松赛作比喻，我们是14年后才刚刚起跑。而且我们是没有多大能耐的无名小卒，如果用一般速度来跑，我们将毫无胜算。能否坚持到底，我自己也不知道。所以，我们只能用百米赛的速度来跑马拉松全程，否则永远追不上他们。"

"大家会说，这样蛮干，身体会垮。说得没错，要用百米赛跑的速度，一口气跑完42.195公里的马拉松全程，当然不可能。但新手迟发又慢跑，就毫无胜算。我们至少得尽力急起直追。"

"我就这样说服了员工，自创业以来，始终全力疾驰，一刻不停，发展再发展。至今难忘公司股票上市当日的情景，全体员工聚集在工厂空地上，我禁不住感动得流泪，哽咽着说了一段话，记忆之清晰，犹如昨日：'以百米赛的速度跑马拉松，或许中途倒下，或许跑不动了落伍。大家这么讲过，我也这么想过。但是，与其参加没有胜算的比赛，不如一开始就全力以赴，即使坚持不长，也要挑战一下。幸运的是，不知不觉中我们居然适应了高速度，用这高速一直跑到了今天。'"

税是成本

稻盛带领他的团队一开始就用百米冲刺的速度奔跑，日夜奋斗。公司成立第一年销售额就达到约 3000 万日元，利润约 300 万日元。因为稻盛是技术员出身，公司开张后一味埋头于生产、技术和向客户讨订单。他缺乏经营知识，甚至连税金的概念都没有。所以一听会计说第一年就有 300 万日元利润就非常高兴。他想得很天真：如果有 300 万日元的利润，那么 1000 万日元的贷款 3 年就能还清。

但是理所当然，支付了税金以后就只剩下大约一半——150 万日元，再支付股东红利和董事报酬之后就只剩 100 万日元了。这样的话，归还 1000 万日元的贷款不是要花 10 年的时间吗？

如此拼命工作，仅仅归还贷款就要花10年时间，稻盛感到非常惶恐："如果这样的话，公司不可能发展壮大。花10年时间还清银行贷款时，现有的制造设备已经老化。不！如果考虑到技术的进步，现有设备不可能用上10年。这样的话，公司的前途会怎样？我感到心中无底。"

国家并没有帮助我们经营，怎么千辛万苦赚来的钱一半要缴纳税金？而且库存产品还没卖掉，应收货款还没到账，欠银行的贷款还没还清，即使在这种情况下，只要账面上出现利润，马上就要用现金纳税。这时稻盛才对中小企业家平时的牢骚有了同感。他一时觉得难以理解：税务官来征税理直气壮；如果明年企业亏本破产，他们会伸出援手吗？

当时稻盛虽然负责日常的生产经营，但名义上他还只是董事兼技术部长，上面还有专务青山和社长宫木。第二年，为了企业能站稳脚跟，稻盛就想隐瞒50万日元利润，企图少缴一点税金。

新型陶瓷结晶过程中，作为结晶核要用到贵金属——金。

就在这上面做文章。因为原材料配方是企业的绝对机密,稻盛和公司的原材料担当德永两人演起了双簧。

当税务官来到公司,要查看配方单时,德永装作严词拒绝,并当着税务官的面故意对稻盛说:"部长,这配方能给外人看吗,税务官又怎样,这配方可是公司的命根子啊!"

稻盛摆出无可奈何的神情:"有什么办法呢,让他看呗。"

含金的配方单是假的,企图蒙蔽税务官。但是这两位单纯的小伙子演出的蹩脚戏,当然瞒不过火眼金睛的税务官。把戏被戳穿,稻盛感到耻辱。当然税务官不会难为搞生产的这两位年轻人,他找的是公司负责财务的青山专务。

但是稻盛把这件事看得很重,对照"作为人,何谓正确"这一基准,他进行了深刻的反省,并对利润和税金作了认真思考,改变了错误的观念。

结论是税金是费用,是社会成本,是企业应做的社会贡献,只有税后利润才是企业经营真正的成果,才是真正的企业利润。

这是一个非常重要的观点。许多经营者把税前利润看作自己的经营成果，这成果让国家作为税金拿走相当一部分，就感到痛惜。为了尽量少纳税金，他们或购买高级轿车，或多花交际费、多发奖金、多发工资，千方百计增加成本，减少税前利润。这样做的结果，税是少纳了，但同时企业内部留成积累不起来，一旦遭遇萧条，企业就岌岌可危，这时又把责任推向税制。

稻盛意识到：第一年300万日元利润，就是说利润率10%的情况下，在支付了税金、奖金、红利以后，手头只剩下100万日元，这样偿还贷款就要10年。那么，将上述各项全部扣除后，再能剩下300万日元纯利的话，不就行了吗？那样只需3年就能还清贷款。就是说，不满足于第一年10%的利润率，而设定更高的利润率目标开展经营，不就行了吗？

于是稻盛设定了企业更高的利润率目标，彻底贯彻"销售额最大、经费最小"的经营原则，大幅提升利润率，利润率有时甚至超过了40%，使京瓷成了日本有代表性的高收益企业。在交纳大量税金，对国家作出重大贡献的同时，将税后利润作为企业内部留成不断积累，使京瓷成了日本有代表性的、财务体质充裕的无贷款企业。丰厚的内部留成使京瓷足以从容应付任何形式的经济萧条。

如果骗你们，可以杀死我

树立日本第一、世界第一的高目标，那是为什么呢？企业经营的根本目的是什么呢？稻盛此前并没有认真思考过这个问题，但现实逼迫他要回答这个基本问题。

在松风工业时，稻盛的技术水平得不到公正评价，新公司成立，"理直气壮、以稻盛和夫新颖制陶技术问世"，就成为稻盛的经营目的。

但出人意料，创业后第三年，竟招致青年员工们的反叛。

京瓷设立第二年，招进了10多名高中毕业生，经过一年的磨炼已成为生力军。但创办不久的小企业，工作条件艰苦，常常加班，工资也不高，目标要求又非常之高，年轻人无法忍受，他们持联名状，向稻盛先生提出"集体交涉"。

联名状上写明每年最低工资增幅、最低奖金，而且须连续增长到将来等等。要求稻盛先生予以承诺并作出保证。

当初招聘面试时，稻盛先生曾明言："公司究竟能成何事，我自己也不知道，但我必定奋力拼搏，力争办成一流企业。你们愿意到这样的公司来试试吗？"他们了解稻盛先生这些话，晓得稻盛先生事先并无工资、奖金增幅方面的承诺。但仅过了一年，他们就写联名状，按上血印，并威胁：不答应条件就集体辞职。

"新公司正缺人，他们已成战斗力，如果走了，公司必遭损失。但是，如果他们无论如何都要固执其见的话，那也没办法，就算公司从头再来吧。"稻盛先生不肯妥协，明确答复："不接受你们的条件。"

稻盛先生说："公司创办不足三年，我自己对公司前途，仍无确凿把握，对将来的描绘，只能是'全身心投入，总会有所成就吧'这样的程度。为了挽留他们，要作出缺乏自信的、违心的承诺,我做不到。"

"谈判从公司谈到我家,僵持了三天三夜。我这样对他们说,作为经营者我决不只为自己,我倾全力把公司办成你们从内心认可的好企业,这话是真是假,我无法向你们证实。你们姑且抱'就算上当也试试'的心情怎么样?你们既然有勇气辞职,希望你们更有勇气相信我,我拼上命也要把事业做成。如果我对经营不尽责,或者我贪图私利,你们觉得真的受骗了,那时把我杀了也行。"

这样熬了三天三夜,推心置腹,他们总算相信了稻盛先生的话,撤回了条件。

夜以继日的交涉,不仅使稻盛先生筋疲力尽,而且深深刺伤了他的心。事态虽然平息了,但随后连续几个星期,他仍然心情郁闷,寝食不安,怎么也摆脱不了苦恼。他在思考这件事情中包含的意义。创业之初,公司的定位是:以稻盛和夫的技术问世。"技术问世"听起来不错,其实只是显耀个人的本事,这种狭隘的个人愿望,本质上仍然是一种私欲。

稻盛先生说:"京瓷不是显耀稻盛和夫个人技术的场所,更不是经营者一个人发财致富的地方,而是要对员工及其家属现在和将来的生活负责,京瓷应该成为全体员工共同追求幸福的场所。"

稻盛先生说:"此后,我将'在追求全体员工物、心两面的幸福的同时,为社会的进步发展作出贡献'作为京瓷的经营理念。因为企业作为社会一员必须承担相应的社会责任,所以这后一句也必不可少。"

转变理念并不轻松,稻盛开始时也想不通:"我在七兄妹中排行第二,乡下亲兄弟尚且照顾不及,又怎能保证进厂不久的所有员工,包括他们的亲属的终生幸福呢?"但在说服的过程中却不能不得出这样的结论。

"这次纠纷教育了我,让我明白了经营的真义是:经营者必须为员工物、心两面的幸福殚精竭虑,倾尽全力,必须超脱私心,让企业拥有大义名分。"

"这种光明正大的事业目的,最能激发员工内心的共鸣,获取他们对企业长时间、全方位的协助。同时大义名分又给了经营者足够底气，可以堂堂正正，不受任何牵制，全身心投入经营。"

经营理念的转变起源于不愉快的劳资纠纷，这曾使稻盛一时非常痛苦，但这一事件迫使稻盛思考企业目的这个最基本的问题，而且不得不得出上述的结论。而正确的经营理念一旦建立，让自己从私心的束缚下解脱出来，稻盛感到浑身都是力量。今后不仅可以严于律己，而且可以严格要求干部员工，大家齐心协力把公司搞好。

正确的经营理念为京瓷的腾飞打下了基础。

松下哲学

不久后,稻盛先生去听大企业家松下幸之助的讲演,题目为"水库式经营"。所谓"水库式经营",是讲企业经营顺利,赚了钱,不要全部用光,要像水库一样,把一部分钱储存起来,正像干旱时水库可以滋润庄稼一样,当经济不景气时,储备的利润可以用来救急,起调节作用,避免企业发生危机。松下强调经营资源要有储备,留余裕。

松下讲完后,听众中有人提出疑问:"水库式经营果然有道理,我也理解了。这样的道理其实不讲我们也懂。但是松下先生有金钱上的余裕,可以造'水库';我们的企业财务拮据,日子过得紧巴巴,没钱造'水库'。怎样做才能造'水库'？请给予具体指导，否则，我们不可能搞水库式经营。"

松下一瞬间露出稍许困惑的表情，沉默片刻后答道："具体办法我也不晓得，但我晓得经营要留余裕，首先你必须得这么想。"松下讲这句话后，没有再作具体说明，听众以为答非所问，哄堂大笑。

但是稻盛先生与众不同，他说这句话像电击一样，深深地触动了他。具体怎样去赚钱，如何去造"水库"，不是别人能教，不是教了就会的事情。但是，首先"你必须得这么想"。意念是"因"，没有"因"，哪来"果"？"心不想，事怎成？"独有他理解了松下讲话的真髓。

松下所说"首先你必须得这么想"这句话，稻盛的理解是："你说你也想让自己的经营有余裕，但是怎样做才能使经营有余裕，方法千差万别。你的企业一定有适合你企业的做法，我无法教你。但是经营绝对要有余裕，你自己必须认真去想，认真去思考，这种思考才是一切的开始。"

经营要有余裕，你是真心这么想吗？如果你真的这么想,有强烈的愿望,你就会千方百计去寻找具体的方法,"水库"就一定能建成。这就是幸之助先生想说的话。

　　这是因果规律的大道理。因为稻盛先生有类似的经验,又喜深思,所以稍受启示,立即引起强烈共鸣。

调动潜意识

　　印象强烈的事件以及再三重复的经验，会进入潜意识，储存起来。而这种潜意识会替代显意识，以惊人的速度对复杂事情作出正确的判断。

　　日本象棋名将升田幸三说过："对局高潮时，制胜的一着，忽然在心中闪过。我在头脑中考虑了几十种走法，慎重地探讨了各种可能性，但结果证明，还是最初直觉的那一着最为正确。"名将在运用显意识作各种分析、考量之前，潜意识早已给了他正确的答案。

　　初学开车时，既要集中注意操作方向盘，又要注意路况，注意对面的来车等等。一面驾车，一面留心各种情况，不免又紧张又疲劳。但等你积累了足够的经验后，潜意识就跑出来替代了显意识。潜意识能够即时对状况做出判断，从过去的经验中调出类似的应对模式，手脚动作应对自如，就是说潜意识帮你开车了。

比如，京瓷想要挑战新事业。说是要挑战，但却缺乏在这种新领域的专业技术，稻盛为此烦恼不已。

某日，在酒店小酌，忽然听到邻桌陌生人说话，所言极像自己思考的新事业的专门人才。于是立即起身请教："对不起，听您刚才的话……"不知不觉就攀谈起来，热络起来。再后来，这人便进了本公司，新事业以此为契机启动并一举展开。这样的事，稻盛先生经历过好多次。

这种场合，原不过隔桌饮酒，萍水相逢。然而，强烈愿望既然已经浸透到潜意识，即使不经意之间，也能将偶然邂逅变作良机，导致事业成功。这是潜意识的功劳。

但在进入这个境界之前，必须反复继续，必须有一个全身心投入、不断驱动显意识的过程。如果对要做的事，不肯深思，甚至朝秦暮楚，或不过淡然处之，那它决不会进到潜意识。只有持续火一样燃烧着的炽热愿望，才可能驱动潜意识为您效劳。

打架凭胆量

稻盛带领他的团队夜以继日、拼命工作。每当工作告一段落，稻盛就会与员工一起去喝酒，此时就不分上级和下级，彼此打成一片。

夏天一个傍晚，公司干部十几个人讨论重要工作，结束后有人提议去喝酒。稻盛应道："去叫出租车，今天去爬比睿山。"当时京瓷还很小，刚攻克工作上的一个难关，大家都很振奋，公司出钱买了啤酒、下酒菜，叫来了出租车，分乘四五辆一口气登上了比睿山。已经深夜了，大家在山顶上朝着京都方向高呼"万岁"。包出租车上这座灵山，为的就是欢呼发泄。然而大家还觉得余兴未尽，决定在大津方向下山，去琵琶湖游泳后再回去。事情就发生在去琵琶湖的路上。

员工中有一人是开私家车来的，开车时遭到20余名开高速摩托的"暴走族"骚扰，在一个转弯处差点与一辆摩托车碰上。这群家伙在汽车后紧追不舍。一直到琵琶湖，待稻盛他们停车，从出租车出来时，20余辆摩托将他们团团围住。"把开私家车的人交出来！"暴走族开始叫嚣。而这一边，大部分人从来没吵过架，不用说打群架了。

稻盛一看这场面，急中生智，拿起车内的啤酒瓶，并叫每人拿一只："大家一起上，跟他们打一仗！"稻盛说着便将瓶子倒握在手，冲在前面，摆好架势，大声叫道："想打架是吧，那就来吧！"

暴走族们一下被镇住了。这边的干部们从未见过这架势，吓得胆战心惊，幸亏天色很暗，对方看不清这边人的表情。双方怒目对视，僵持了个把小时，大概让稻盛准备拼命的气势吓着了，暴走族说了声"小子，走着瞧"，转身一溜烟跑了。

如果稻盛这时胆怯示弱，那位员工必遭围殴暴打，后果不堪设想。

稻盛说："有人或许认为我不惜打架是蛮勇，但这时候头头必须挺身而出，即使拼命也要上。如果我这时沉默退却，在一瞬间，就会丧失员工对我的信赖。打架不只是比力气，更是凭胆量，不害怕，奋勇向前就不会输。"

当然真要打架难免伤筋动骨，流血受伤，这样的事谁都不想干。但这个架到了非打不可的时候，这时候逃避，就是一个十足的胆小鬼，原因无非是过度自爱。

人在关键时刻需要勇气和胆略。在工作中这样的情形甚至更多。当然工作中的争执不至于打架伤害肉体，但精神上的压力、折磨有时比肉体的痛苦更难于忍受。所以勇气不足、精神软弱的人不适合当企业家，不适合在商场中拼搏。

稻盛说，一个理想的经营者最好是生性谨慎的人，然后在商场中摸爬滚打，增加了勇气和自信，培育出了格斗士那样的斗魂。谨慎和大胆兼备，形成一个完整的人格。

这里的所谓"斗魂"，并不是粗野，并不是张扬暴力，而是母亲保卫孩子时不顾一切的勇气。

　　这种勇气归根结底,就是领导人为了维护正义不惜付出自我牺牲的勇气。

擒贼搓绳

京瓷最初的产品是用在松下生产的电视机显像管上的绝缘零件。当时只有来自松下的业务，为了增加订单，稻盛先生跑到东芝、日立、NEC（日电）等电器厂家，积极地向他们介绍、推销："我们公司生产应用新陶瓷技术的产品，有什么可以效力的吗？"对方一般都会回答："不，那东西现阶段还不需要。"尽管稻盛先生固执地与客户纠缠，不肯罢休，但是，因为他们都已有固定的陶瓷零件供应商，京瓷新来乍到，很难轻易地取而代之。结果，最终能够拿到手里的，全都是因为太难做而被其他的陶瓷厂家推掉的工作。

这时候如果说"我们公司也没做过，做不了"之类的话，那么谈话就可能到此为止，客户不会再有兴趣，当然不可能会有订单。于是，稻盛先生就装出能做的样子，一口咬定："好像挺难做，但我想我们能做。""不管怎么样，干干试试吧。"

对方毕竟是一流公司的技术人员，如果被人看出自己不可靠，谈话会就此中断。因此，虽是没有把握的"大话"，还得硬着头皮，充满自信地回答。而实际上，这反而成了产生独创性的契机。

凭借"不管怎样，干干试试"的"大话"拿到订单，要是做不出结果，就等于断了自己的后路，以后再无脸去这家公司。因此，虽然讲了"大话"，但是"君子一言，驷马难追"，一定要把"大话"变成现实。从这时起，日子就不好过了。

回到公司，稻盛先生与员工商量："这次从东芝研究所要到这项业务，如果我们能把这种零件做成功，他们将大量订货。但是大家都明白，我们公司现在既无这种技术，又无必要设备。然而尽管如此，我还是想干。"部下们无不吃惊地说:"连设备都没有,怎么干?"

"虽然我们买不起先进设备,只能买二手的旧机器,但不管怎样也要做。"部下们马上反驳道:"现在才去找二手机器,怎么赶得上约定的交货日期。这种事,事前不把设备搞好,哪能做得了?"对此,稻盛先生说:"这就叫作'擒贼搓绳'。这可是正经八百的工作方式。"

所谓"擒贼搓绳",是指在捉到小偷后,才开始搓制捆绑小偷用的绳子。

捉到小偷之前就编好绳子,不但要花费成本,连绳子也成了库存品。因此,捉到小偷以后再搓绳子,最有效率。也就是说,接到订货之前就忙着准备设备,最终会产生浪费,接到订货以后再准备设备最切实可行。

稻盛先生说,这话听上去好像强词夺理、狗屁不通,但后面要提到的"零库存"的阿米巴式经营模式,就是从这一点出发的。

谈到独创性,似乎有些高尚,有些神秘。但是,稻盛先生说这"不过是我当时为了解决员工的吃饭问题而想出的

'苦肉计'，员工已从 28 名增加到了 100 名左右"。明知自己没有这方面的技术和设备，但为了生存，为了得到订货，不得不说"大话"。为了不让"大话"落空而使自己陷于狼狈，只好逼着自己在独创性上狠下功夫。

置之死地而后生。敢于把自己和部下置于穷途末路的境地，由此激发人潜在的创造性，不断创造出崭新的技术。

"建起漂亮的研究所，花费高额的研究费，雇用一流大学毕业的优秀技术人才从事研究开发，与这种被逼到人生的炼狱场，在生死系于一线的状态下从事的研究，从气势上就完全不同。"

独创性，也就是所谓的与众不同的技术，它不是有了适当的环境和条件就会自动产生出来。把自己和部下逼至绝境，在生死存亡之间思考出路，由此产生独创性。独创性不是物质条件的产物，不是金钱的产物，不是知识的产物，它是精神的产物。

抱着产品睡

京瓷创建后不久,三菱电机要求京瓷生产冷却广播机器的"水冷复式水管"。因为结构复杂,别的厂家都不敢做,所以订单就发到了京瓷。

但是,京瓷以前只做精密陶瓷产品,这种水管尺寸太大(直径25公分、高50公分),用老式陶瓷原料,属于陶器,而且要在大管中通小冷却管,工艺困难。但一根5万日元,每月至少10根,这对当时的京瓷颇有吸引力。

但京瓷不具备制造这类产品的技术和设备。尽管如此,因为客户的盛情难却,当时京瓷的青山社长已接下了订单。虽然稻盛认为"这次未免大胆过了头",但是既然把任务接下来，就决不能失信，没有退路，无论如何必须把产品做出来。

首先用土办法，将挤出的材料压进外径 25 公分的木模里。但因尺寸太大，要让产品整体均匀干燥极为困难。开始时，在成型、干燥过程中，几乎都出现干燥不均，因而先行干燥的部分发生裂痕的现象，不良品高达 70%～80%。

一般大型陶瓷器的干燥，都要放在干燥室，精确调节室内温湿度。但京瓷当时没有建干燥室的资金。用各种方法反复试验，最后想出一个办法，就是在尚未充分干燥、还处于柔软状态的产品表面卷上布条，再向布条上吹雾气，让产品慢慢地、一点一点地均匀干燥。

但是新的问题产生了。还是因为产品太大，干燥时间长的话，产品因为自身的重量发生变形。为防止变形，又动了各种各样的脑筋。

最后是，稻盛想出一个绝招，抱着这水管睡觉。

稻盛在炉窑附近温度恰当处躺下，把水管小心翼翼地抱在胸前，整个通宵将水管慢慢转动，用这种干燥方法防止水管变形。

这是一幅非常奇特的景象。

但是稻盛的心情是"无论如何也要把这个产品培育成人",把它当作自己亲生的孩子一样,倾注了全部的爱。正因为如此,稻盛能够通宵达旦紧抱水管。

这种让人心酸流泪的认真态度,让京瓷顺利完成了"水冷复式水管"的制造任务。

稻盛说:"抱着产品睡——这的确是一种不卫生、效率不好的做法。今天这个时代,这种带泥土气的、低效的做法甚至令人生厌。但不管时代怎么进步,如果缺乏'抱着自己的产品一起睡'那样的感情,在工作中,特别是向新的、难的课题发起挑战时,就无法从心底品尝到那种成功时醍醐灌顶的滋味。"

将它压住！

　　稻盛先生创业不久，试制陶瓷新产品。这种新产品工艺很简单，就是用压机将粉末状态的金属氧化物压制成型后，放在高温炉里烧结，但因为是电子零部件，尺寸精度高，不允许有变形。

　　但当半成品放进实验炉高温烧制时便像烤鱿鱼一样，产品弯曲变形，当然不合格。经反复试验分析，弄清了变形的原因：由于压制时压力不均匀，产品上面压力大、粉末密度高、收缩率小，下面压力小、粉末密度低、收缩率大，导致产品在高温下变形。原因找到了，但仍然不能解决问题，要做到产品上下粉末密度完全一致，事实上极其困难，用各种办法改进，效果都不明显。

稻盛先生非常着急，到生产现场，打开炉门，仔细观察产品在高温下怎样变形。眼睁睁看着产品在高温下翘曲起来，好像活的动物一样，完全无视认真观察的稻盛先生的心情。

对客户有提供合格品的责任；作为技术员，解决不了这种技术问题，是一种耻辱；作为经营者，制造废品的经济损失不堪负担。稻盛先生在炉前反复观察，焦急之余，不禁对着产品自言自语："求您了，不拱起来行吗？"看到产品不听话，稻盛先生心中突然产生强烈的冲动，忍不住要将手伸进炉内，将产品压住，不让它弯曲。

炉内是一千几百度的超高温，手实际上伸不进去，尽管如此，稻盛先生无意识中还是不知不觉就想把手伸进去。因为不让它变形的强烈愿望，在他内心造成了巨大的压力。这时，似乎听到产品对他说："你不是要压住我，不让我拱起来吗？那压住不就行了吗？"就是说，稻盛先生想用手从上面将产品压住的瞬间的冲动，忽然给了他启示，问题一下子就解决了。而且解决方法特别简单，几乎不花成本，用耐火的重物压住产品，就能烧制出完全平整的合格品。

对这一技术难题的解决过程，稻盛先生作了如下解读："创造发明的过程属于哲学领域，而从逻辑和理论上能对它作出证明的时候，才成为科学。"上述解决问题过程中的灵感，并不来自科学知识的积累，而是来自于一种无论如何非解决不可的、强烈的愿望。这是一种精神活动，与其说它属于科学范畴，不如说它属于哲学范畴。

工业品还是艺术品

京瓷有一位与稻盛先生同年龄的、名牌大学毕业的研究员，同部下一起，经过好几个月的艰苦努力，试制出一种新产品，但稻盛先生只看了一眼就说不行。

那位研究员急了："这产品的各项性能全部符合客户要求，为什么不行？"他很不服气。

"不对，这不是我期待中的高品质的产品，首先颜色就过于暗淡。"

"你也是技术出身，请不要说什么'颜色不好'之类带情绪的话，这是工业品，不是艺术品，希望给予更科学、更合理的评价。"

但是，稻盛先生却认为，这产品与自己事先在想象中已经"看见"的东西不一样，即使性能合格，仅颜色不好，就不是高水准的、卓越的产品。大家都会做的、不完美的产品，缺乏竞争力，不会有好的市场前景。尽管研究人员很辛苦，有不满，稻盛先生还是指示他们必须重做。后来又经过多次攻关，终于做出了理想的产品，获得了最后成功。

不仅是产品生产，会计等事务性工作稻盛也要求做到一丝不苟。做得不好，或发生了错误，简单地说一声"对不起，我马上改"，书面的差错用橡皮擦改就行，这种态度会受到稻盛的严厉批评。

做到"完美"固然很难，但是只有认真追求"完美主义"的态度和努力，才能减少错误的发生。当然就是追求尽善尽美，也不可能完全消灭差错，尽管如此，却决不能认为99%正确就行。如果认同99%，下次就会认为90%也行，甚至80%、70%也是没办法的事。这样企业经营必然乱套，各种规则也会松懈。100%就是100%，不允许妥协。

能力用将来时

京瓷初次接到 IBM 大量订单时，发现其规格要求异常苛刻。一般的规格书只有一张图纸，但 IBM 竟有一本书那么厚，内容极为详尽而且严格。样品多次试制都不过关。后来，以为产品已符合规格，但很快又被打上不合格的烙印退了回来。

它的尺寸精度是正负 0.05 毫米，比通常的陶瓷产品高出一个数量级，当时的京瓷连测量这种精度的仪器也没有。稻盛先生说，讲老实话，自己心里也曾多次动摇，担心靠京瓷现有的技术确实做不出来。但是，对于当时毫无名气的京瓷而言，如果逼着自己提高技术，把这产品做成功，不仅能获利,更是提高知名度的前所未有的良机。于是,稻盛先生对气馁的员工鞭策激励,要求他们全身心投入,做好一切该做的事,投入所有的技术力量。然而,进展仍不顺利。

项目的技术担当人绞尽脑汁,计穷策尽,茫然立于炉前。稻盛先生对他说:"你向神灵祈祷了吗?"所谓"尽人事,待天命",稻盛先生要问的是,你是否已经真正竭尽了你的全部力量。

经过反复的、异乎寻常的努力,终于做出了满足客户全部苛刻要求的、完美无缺的产品。正所谓"山重水复疑无路,柳暗花明又一村"。客户下了大量订单,工厂连续两年满负荷生产,数量巨大的成品都在规定的交货期内顺利出货。当装满产品的最后一辆卡车出厂时,稻盛先生不禁感慨万千:"人真是能力无限啊!"

稻盛先生有一个"能力要用将来进行时"的重要观点。创业初期从客户处拿到的新订单,全是当时的技术能力做不到的,但是经过一段时间的努力,比如半年,提高了能力就一定能做到,他抱着信念向客户作出保证。但在期限内能否解决，并不能正确预测。这种风险逼迫自己的团队拼命努力，在限定的时间内，倾注全部热情，聚精会神，反复实验，拼命钻研，结果在自己身上沉睡的"潜在能力"苏醒过来，不但兑现了承诺，而且由此提高了技术，提高了能力，提高的速度和程度往往自己也大吃一惊。

遗传基因学第一人，筑波大学名誉教授村上和雄先生，对"火灾现场的爆发力"这一现象，曾作过简单明了的解释："在极限状态迸发出的人的巨大能量，为什么平时总是'休眠'呢？因为管理这部分功能的遗传基因，平常处于OFF状态。只要把它的开关置于ON即开启状态，那么，即使在通常情况下，人们也可以发挥出类似'火灾现场的爆发力'那样巨大的力量。"

"最佳"还是"完美"

法国有一家著名企业掌握一种开采石油的特殊技术。当钻井的立钻进入石油油层的瞬间，会突然因喷井而引起大火，因此，在钻头离油层或天然气气层还剩几十英尺时，就要预先知道。而这家名叫休兰伯尔的公司掌握用电波测定地层状况的技术，世界各国都采用它的技术。

20世纪80年代初，这家公司的总经理詹恩·里夫先生在报纸杂志上读到稻盛先生有关企业经营的文章，很感兴趣。有一次出差到日本时，特地拜访了京都的京瓷公司。当时，稻盛先生并不了解休兰伯尔公司，但见面交谈，发现这位总经理具有非常了不起的哲学。

他出身于法国名门世家，父亲是著名银行的行长，夫人是印度著名诗人泰戈尔的侄女。他本人是休兰伯尔公司专门聘请的总经理，不仅是一位杰出的国际人士，也是一位优秀的哲学家。

这位先生一定要见稻盛，要与他探讨经营哲学。经过一夜长谈，稻盛先生深有感触：将休兰伯尔发展成为世界一流企业的人物果然名不虚传。

这位先生对"京瓷哲学"也很佩服。他提议召集几名京瓷和休兰伯尔的干部董事，去他位于美国亚利桑那州（Arizona）的私人别墅，畅谈经营哲学。

1981年，稻盛先生带领几名京瓷的干部，去亚利桑那州的史卡兹代尔（Scottsdale）拜访了詹恩·里夫。在仙人掌丛生的沙漠中的漂亮别墅里，就经营哲学进行了彻夜畅谈。

在休兰伯尔公司的经营宗旨里，有一句话叫"力求最佳"。当时世界各地，包括俄罗斯、中国，不使用休兰伯尔的技术就无法开采石油。这样优秀的公司，目标当然应该是"最佳"。而京瓷追求的则是"完美"。

这个不同点引起了争论。休兰伯尔追求"最佳",京瓷追求"完美"。所谓"最佳",指的是"好于其他",是"最好的东西"。稻盛先生认为,制造业的精髓在于"完美"。即使同别人比较是"最好的东西",但只要有一丁点瑕疵,就可能全部报废,所以必须做到尽善尽美。关于"最佳"还是"完美"的争论一直持续到深夜。

最后,詹恩·里夫先生终于同意了稻盛先生的观点:"啊,还是你说得对。我想我们公司也该从'力求最佳'转到'追求完美'了。"

实际上,是人就不可能十全十美,但即使这样,也应该抱着追求完美的意识不断努力,这一点非常重要。

袁了凡的人生观

中国明代的《阴骘录》记载了作者袁了凡的一则故事。袁了凡原名袁学海，出生于医生世家，幼年丧父，由母亲一手培养成人。他13岁时，准备学习医术，继承祖业。某日，有一白发老人来访，自称是奉天命来向学海传授"易经"真髓。老人对学海的母亲说道，你或许要这孩子将来当医生，但他不会走这条路，长大后，他会参加科举考试，会中榜、做官。老人还就学海的命运作了种种预言。

后来，学海的人生果然完全像老人预言的一样。当上地方长官后不久，学海就去拜访当地的禅寺。那儿有一位有名的高僧，叫云谷禅师。云谷禅师同学海一起坐禅时，见学海神定气闲，无思无念，禅师非常佩服，问道："你打坐时如此毫无杂念，究竟曾在何处修道？"

学海答道："自己并无特别的修行经历，至于禅师问到为什么打坐时如此毫无杂念，我想起了一件事。"于是学海说了少年时代遇到白发老人的事情。

"我至今的人生一如那老人所言，年龄不大已当了官，结了婚却没有孩子，到53岁我就要死了，这就是我的命运。我对将来不抱奢望，只想按照命运的安排，淡淡地度过自己这一生。我不再有什么烦恼，所以坐禅时没有杂念妄想。"

听到这话，云谷禅师的表情由柔和转为严峻，斥责道："我原以为你年纪这么轻，就有这么高的悟性，很了不起。但想不到你竟是一个笨蛋。"

"如那白发老人所言，人确有命运。但天下有像你一样，完全顺从命运度过人生的蠢人吗？命运是可以改变的。想好事、做好事，就会有好的结果；想坏事、做坏事，就会有坏的结果。人生中存在这样的因果法则。运用这一法则，就可以改变命运。"

学海秉性耿直，听禅师一席话，茅塞顿开，谢过禅师，回家就对夫人转述了禅师的话，并说："从今天起，就要尽我所能，想好事、做好事。"夫人听后也说："既然你这么想，从今以后，咱俩就齐心协力，一起想好事、做好事吧。"

《阴骘录》这部书写到此，笔锋一转，已更名为"了凡"的学海对自己的儿子讲完上述故事后，继续说道："儿子啊！你爸爸的人生就是这样不可思议。自从听了禅师关于因果法则的教导后，我和你妈妈一直努力，思善行善，结果白发老人所说的'不可能出生'的你也出生了；说我只能活53岁，我现在已年过70，你看还这么硬朗。"

稻盛非常喜欢袁了凡的故事，从这个浅显而寓意颇深的故事中，稻盛归结出一种重要的人生观，就是我们每个人的人生无非是由两条法则组成，一条是命运的法则，另一条是因果报应的法则。只要坚持运用因果报应的法则，我们的人生一定会朝好的方向转变。

稻盛创建京瓷时只有27岁，一个新生的弱小的企业，资金、设备、客户等资源都不足，处于不景气的经济环境之中，同行业中有强大的竞争对手，自己又不懂经营，缺乏经验。像一只小船航行于大海之中，随时可能被风浪吞没。企业究竟能不能生存发展？怎样做企业才能顺利发展？怎样做才能避免企业破产，避免员工因失业而流落街头？怎样做才能对得起信任自己、慷慨解囊的股东们？稻盛先生一面拼命工作，一面苦苦思索。

  在思考企业命运的同时，稻盛先生还不断思考人生最基本的问题。人从生到死的整个生命历程中，有许多东西似乎是命中注定的。究竟是自然决定的，还是上帝决定的，谁也说不清。但每个人都背负着各自与生俱来的命运，降生到这个世界上，这一点似乎很难否定。然而如果说人完全受命运摆布，一辈子无所作为，这也不是事实。超越个人意志、超越个人智力的命运，和个人企图改变命运的努力，二者之间究竟是一种什么关系？未来难以卜算，甚至明天将会怎样也无法确知，在这种情况下，我们应该怎样度过自己的人生？稻盛先生经常思考这个问题，并执着地追求问题的答案。

  此时，稻盛先生读到了安冈正笃写的《命运和立命》一书，就是解说400多年前中国明代袁了凡所写《阴骘录》的一本书。袁了凡的故事给了他一种启示："原来如此，人生原来是这样的。前面有什么样的命运在等待自己，虽然不清楚，但是，在难以捉摸的命运的安排下，遭遇各种事情的时候，我们却可以坚持'想好事、做好事'。只要以这种态度来度过自己的人生，不就好了吗？"

稻盛毕业于理工科大学，从事技术开发和企业管理工作，信奉科学合理的思考方式，因此，对科学无法解释的"命运和因果法则"，一直抱着一种矛盾的态度。同时，社会现实好像也并不符合因果报应的法则，所以很难从内心完全接受。

读了袁了凡的故事，通过对各种社会现象以及对自己亲身实践的反复深入的思考，后来稻盛不仅相信了"命运和因果法则"，而且认为这才是人生、社会乃至宇宙最根本的法则。不仅自己的一切行为都遵循这一法则，而且不遗余力地把自己的见解告诉周围的人们，希望在这个最根本的问题上，与更多的人达成共识。

命运的轮回

20世纪70年代末,京瓷接受一家濒临破产的通信机公司的请求,出于救助的单纯动机,把这家有2600多名员工的企业吸收为京瓷集团的成员。这家从富士通独立出来的企业生产近距离车载通信机,出口美国。产品流行时,企业因热销快速成长。但由于美国市场变化,以及美国对日本进口产品的限制政策,很快断了订单,业绩急速下滑。公司老板恳请京瓷救助他的员工。稻盛与该公司部分干部接触后,决定伸出援手。但公司吸收后的重建,却经历了意外的曲折,特别是原企业一部分过激派工会成员,提出许多过分的条件,强加给稻盛先生,甚至闯到稻盛先生的私宅,进行威胁和诽谤。稻盛先生很不愉快，京瓷也受到了负面影响。本意是帮助陷于绝境的公司及其员工，但有些人却以怨报德，制造难堪的局面。稻盛先生坚持自己的信念，一味忍耐，不为所动。这样过了不久，大多数员工终于理解了稻盛先生的苦衷，开始感谢，感谢京瓷和稻盛的善意救助。该企业后来因为开发出打印机，又与KDDI共同开发通信设备而不断壮大，成为京瓷集团中一个骨干企业。

这个被救助企业中有一个人物，后来成了京瓷信息机器部的本部长。再后来他又被派去救助另一家困难企业，生产复印机的三田工业公司，筹建"京瓷三田"公司，出任公司总经理。在他的带领下，重建成功，三年偿还了原计划十年还清的巨额债务，新公司成了京瓷集团的重要支柱之一。

稻盛在救助这两家企业时，曾受到许多批评，他们说经营企业不能讲同情、讲义气，应该追求合理性，讲究战略战术。但稻盛说，战略战术固然重要，但从长远来看，"善有善报、恶有恶报"的"因果报应法则"更重要。

受救助者一变而为救助者，当事人感触良深："一个被救助的人，现在成了救助别人的人，我感悟到一种命运的轮回。当初受到的恩惠，如今通过重建'京瓷三田'的机会，得以回报，我感到由衷的喜悦。"

听到这话，稻盛先生深以为然。他说，从长期看，因果确实在循环，善行不会以恶果告终。虽然一时遭到误解，日子不好过，但后来员工还是理解了，前面的企业再建成功，得到员工的感谢。然后，善的循环之轮继续扩展，出现了受救助者救助他人成功的佳话。

稻盛先生说，因果必报，但需要时间，不要因为一时不见效果而焦躁。重要的是，平日行善积德，抱着信念，坚持不懈。他说，无论做什么事，只要动机善，实行过程也善，就无须担心它的结果。

现在京瓷复印机、打印机已成为世界名牌之一，在日本和欧洲畅销，现在正在开拓中国市场。

天堂地狱一纸隔

稻盛常把他的哲学称为"利他哲学",有时他又用"自利利他"来表述他的观点。稻盛特别推荐下面一则故事。

有一天,一个小和尚向长老请教:地狱在哪里?

长老答道:有一只直径一米的大锅,锅里热气腾腾,煮着美味的面条,但是吃面条的筷子也有一米长。我们想象一下,会产生什么情景。大家都饿了,拿着这长筷子争吃面条,但筷子太长,可以夹住面条,却送不进口。可是每个人都想第一个吃,都发狂似的争抢,于是就乱了套,开始吵架,结果面条撒了一地,谁也没能吃到,这就是地狱。

小和尚接着又问:那么天堂又在哪里呢?

长老答道：天堂里也是这锅、这筷子、这面条，但是那儿的人用筷子夹起面条，朝锅对面的人说："这面条可好吃啦，请先尝尝。"对面的人很开心地吃了，然后说："谢谢您，让我报答您吧。"于是夹起面条送到对方的嘴边。于是所有的人都高兴地享用了美味的面条。

只考虑自己，还是先为对方着想，这决定了我们的人生是在天堂还是在地狱。

就是说，利他的思想和行为，不但使大家获得物质上的满足，而且同时又共同获得精神上的满足。

天堂地狱，物理条件相同，不同的是人的心态。上述情景我们在现实生活中司空见惯。比如汽车这一现代文明的工具，给我们带来速度和方便，但总有十字路口，总有窄道，司机如果争先恐后，不肯让别人先行，造成交通堵塞，别人走不了，也误了自己。至于酿出交通事故，结果更惨。我们本可以生活在天堂，为什么总要往地狱里挤呢？

白乐天悟道

在《盛和塾》杂志上,有一则中国唐代诗人白居易与道林和尚的一段对话。

中国唐朝时代,在杭州有一位名叫道林的禅师。有名的诗人白乐天当时就在那儿当地方官员。道林禅师有一个怪癖,就是喜欢在大树上打坐。

白乐天来访时,看到树上的禅师,不禁叫道:"好危险啊!"

禅师答道:"不,你才危险呢。"

白乐天不解其意,说道:"我双脚站稳在大地之上,有什么危险啊?"

禅师答道："树木因火而燃烧，那么人呢，人会不会因自身的欲望而毁灭呢？你不明白吧？"

白乐天觉得禅师的话有道理，进而问道："佛教最要紧的教义是什么？"

禅师引用经书上"诸恶莫做，众善奉行"的话，答道："佛教最重要的教诲就是要做善事，不要做恶事。"

白乐天说："这种道理三岁的小孩也会讲呀。"

禅师说道："连三岁的小孩也会讲的道理，八十岁的老人却一辈子做不到。"

听了禅师这话，白乐天点头称是，拜谢而归。

稻盛认为"诸恶莫做，众善奉行"这种"连三岁的小孩也会讲的道理"，不但那个时代八十岁的老人做不到，就是现代社会许多大企业的经营者也做不到。稻盛说，给这些大经营者讲几岁小孩都懂的道理，似乎很失礼，也很幼稚。但是恰恰是这些大人物为了满足自己的私欲，把简单的善恶标准抛在一边，才使得曾经显赫一时的大企业轰然倒塌，自己也身败名裂。

才能不可私有化

京瓷的新产品 IC 陶瓷封装开发成功，公司急速发展，开始在大阪证券交易市场二部上市时，公司税后利润已达十亿日元，而稻盛先生的年薪仍只有区区几百万日元，比一般干部高不了多少。这时稻盛先生的心里也产生了不平衡。他说："是我的技术为公司创业打下了基础，是我夜以继日地忘我工作，促进了企业的发展，是我的才能给公司带来了成功。获取与贡献相对应的报酬，难道有什么不对吗？这些想法曾在我脑里闪过。"

正当他矛盾烦恼时，稻盛读到了《西乡遗训》和袁了凡所写《阴骘录》，犹如醍醐灌顶、当头棒喝。"幸好当时我已悟得，才能属天赐，不得据为己有。才能由上苍偶然授予自己，上苍要求将它回报世人、回报社会。将它视作私人资产而独享恩惠，就违背了上苍的意志。我应该将自己的才能贡献给员工、股东、客户以及社会。"稻盛先生如此说。

当京瓷股票上市时，他一反常规，放弃了让自己财富大幅增值的机会，选择发行新股，收益全部归公司所有。

此后，稻盛常把公司比喻为一个剧团。剧团有主角、配角，还有人负责道具、化妆、服装等。公司也一样，根据各人的特长，承担不同的职务。在京瓷，稻盛是主角。为什么当主角？稻盛说："也许因为自己有一点经营才能。但上苍未必一定要把这才能授予稻盛和夫，换了另外一个有才能的人来当主角，戏剧可以同样演绎。""我具备的才能，我发挥的作用，并没有唯我独有的必然性。别人拥有同样的才能，履行与我相同的职责，也没有任何不妥当，没有任何不可思议之处。"稻盛说："京瓷也好，DDI也好，对现代社会这一舞台来说，它们的存在也许是有必要的，但建立和培育这些公司的人，却并不必非稻盛和夫不可。因此，我不能利用上苍赋予我的才能来为自己牟私利。我不可以把个人才能私有化。"

不可以把个人才能私有化！这是一种什么境界？我们有些人，不仅理所当然地把个人能力私有化，而且千方百计把公共权力部门化，部门权力个人化，个人利益最大化，而在嘴上又"说的比唱的还好听"。对照稻盛先生，我们应该汗颜。

就是说，领导者应该把个人才能公有化，将它用来为大家服务，这才是天道。而且，只有这样，自己的才能才会得到最大限度的发挥，才会始终心地坦荡，才会凝聚团队的合力，才会在事业成功的同时，获得精神上最大的满足。

大善似无情

稻盛相信"善有善报、恶有恶报"的"因果报应的法则"。而且，稻盛认为善有大善、小善之分。

京瓷初获成功，开始向大企业发展，这时有个年轻人拜访稻盛，说自己经济上碰到困难，希望稻盛借钱给他，帮他解决燃眉之急。因为这人的父亲在战争时期曾经帮过稻盛父亲的大忙。听说他父亲对自己父亲有恩，于是稻盛就把钱借给他了。

但是，稻盛既没有让他写借条，也没有问他的还款计划。稻盛觉得，那人的性格不可靠，表面上是借钱给他，实际上是送钱给他。稻盛压根儿没有打算让他还钱。

后来，稻盛也从没有催促让他还钱。而他呢，也从此没有回应。"没还钱，对不起"，连这样的电话也从没来过。但是，由于稻盛一开始就不准备让他还钱，所以，也并没为此而烦恼。

稻盛说："别人向我借钱的事有过多次。因为年轻时我考虑过这样的事，所以，名义上是借，实际上是送，这种情况是有的。但是，以必须还钱为前提，才肯借出，这种情形一次也没有。因此，做了好事没有好报、反而遭人背叛的事，在我身上一次都没有发生过。"

有一次，一位公司员工的父亲遇到了麻烦，他们父子俩一起深夜来到稻盛家。稻盛仔细地询问了事情的原委，最终断然拒绝了他们要借钱的请求。

"伯父，我把钱借给您是会害您的。我也许不了解您现在困难到哪种地步，但我还是不能答应您。伯父，您要挺身接受您现在面临的苦难，必须承担得住才行。"

稻盛觉得自己有些冷酷，但是当时的决断没有错。那位公司员工后来成为京瓷海外营业的骨干。他爸爸从那以后也重新振作起来。他还跟别人说，应该感谢稻盛，多亏了稻盛那时对他的帮助和鼓励。

  为了帮朋友解脱困境，只凭同情，不假思索就慷慨解囊，甚至去充当他的贷款连带保证人，这种"小善"有时会把你自己牵连进去，弄得你自己也很狼狈。如果借钱人做事不检点，甚至挥霍浪费，你不把事情的来龙去脉调查清楚，轻率答应他的要求，表面上看你是帮了他，实际上是害了他，使这位不负责任的朋友变得更不负责任。一个人之所以债台高筑，原因在于此人做事马虎，花钱大手大脚，缺乏计划性。如果你可怜他而借钱给他的话，反而会助长他那马虎和挥霍的坏习性。迁就朋友的不合理要求，这种"小善"是帮他的倒忙，让他越陷越深，同时往往让你自己也陷入困境。

美国政府的担心

稻盛说:"回想起来,从创建京瓷以来,连我自己也无法想象的事情,一件接一件都成功了。"

1965年稻盛在访问一家美国公司时,有一位美国的技术人员拿来一个样品,问稻盛能不能做。这是为了保护IC而将两层IC陶瓷基板封装在一起的一个样品。看到这个样品的一瞬间,稻盛就敏锐地感觉到,新型陶瓷的历史即将翻开新的一页。凭直觉,他认为京瓷可以开发这个产品,并将它培养成改变企业命运的划时代的新产品。

美国弗厄契尔特半导体公司要求京瓷试做这一产品。后来英特尔的创始人之一罗伯特·诺依斯(Robert Noyce)要求京瓷开发陶瓷多层 IC 封装，在硅的结晶体上搭载多个晶体管和二极管，做成集成电路，需要这种电路的载体，条件是绝缘性和密封性，又要有电流输入输出的接口。

当时稻盛考虑，在陶瓷薄板上形成电路，几层重叠，像口香糖一样，在陶瓷原料薄片上用金属钨印刷成电路，重叠后烧结。

这个想法原理是京都西阵印染工场的手法。"友禅染"就是采用类似真丝印花的办法，在一块漏花纸板上印一种颜色，再在另一块漏花纸板上印另一种颜色。

但是同以往陶瓷一样烧结，金属钨会氧化。所以先要向炉内充入氢气，将氧气隔绝，然后烧结，这是一种非常危险的方法。但后来由于新的气体保护炉技术的确立，这项产品的开发获得了成功。由此诞生了多层 IC 封装，在硅谷生产的高集成度半导体，一直到现在几乎全部使用这种陶瓷封装。可以说，正是因为有了多层 IC 封装，电脑才能发展到今天这个地步。

此后，从诺依斯先生那儿听到这样的话："美国政府对多层IC封装大部分都要依靠京瓷供应表示担心，一旦发生国际纠纷，万一京瓷中断供应，美国的半导体产业就无法运行，所以美国政府指示，要想办法美国自己生产。"同时还说："京瓷对我们美国半导体企业的技术秘密全部了解，如果京瓷也做半导体，那将是美国半导体企业的第一强敌。"

对此，稻盛答道："京瓷仅仅充当多层IC封装的供应商，让半导体企业满意是我们的工作，把自己转变为客户的敌人，这样的事我们决不会干。"

事实上也是如此，一直到今天，京瓷都没有涉足半导体制造行业，一直担任多层IC封装供应商的角色。

多层IC封装开始时用在电子计算器上，后来用在电脑心脏CPU以及用在通信机器上。多层IC封装大批量生产的成功让京瓷获得了飞跃性的发展，京瓷还因此荣获"大河内纪念生产特别奖"。

稻盛说："多层IC封装也好，其他新型陶瓷产品也好，新产品一个接一个开发出来，而且被全世界接受。这样的事情，在赤手空拳创建京瓷时，连我自己也不会相信。"

石油危机

1973年10月第四次中东战争爆发,石油价格从每桶3美元飞涨至12美元。影响波及日本,日本从手纸、食盐到其他日用品都出现了抢购风潮。企业原材料价格猛涨,订单急剧减少,日本经济出现了被称为"国难"的战后第一次大萧条。日本热学工业、坂本纺织、三省堂等大企业纷纷倒闭。电器工业方面,仅日立、东芝、三菱电机、富士电机四家就有7万人回家待岗。京瓷的订单也从1974年1月的27亿日元降至同年7月的不足3亿日元。但京瓷没有解雇一名员工,也没有让一名员工在家待岗。因为针对危机,稻盛有一条预备对策和五条应对对策。这些对策不但让京瓷在大风大浪中照样稳坐钓鱼台，而且让京瓷有余力从容地把危机转变为机会，为企业再次起飞创造了条件。

对策之一是全力开发新产品。除了进一步完善后来风靡世界的IC陶瓷封装外，运用新型陶瓷的优良性能，京瓷成功开发出一系列新产品，小到钓鱼竿纱线的导向圈，大到太阳能电池，以及金属切削工具、再结晶宝石、人工骨等等。

京瓷开发的用于纺织机械的、耐磨性能卓越的陶瓷零件，因为纺织机械一下子滞销，京瓷也断了订单。京瓷有一位营销员去拜访某家渔具制造企业，看见一种钓鱼竿附有卷线装置，其中天蚕丝线滑动的接触部位使用金属导向圈。这位营销员注意到这一点，提出建议："我们公司具备新型陶瓷技术，纺织机械在与高速运动的纱线接触的部位，就可以利用我公司耐磨的陶瓷零件。你们钓鱼竿上与天蚕丝线接触的金属导向圈，改用陶瓷试试怎么样？一定非常适合。"

但是钓鱼竿上的导向圈，并不像纺织机械因为纱线不停地高速运转而很快磨损，只是投竿时滑动一下。所以对方回答说："用金属导向圈只要2~3日元，陶瓷的要100~200日元，价格高，没必要。"

但这位营业员不死心，为了引起对方的兴趣，继续耐心地动员说："用陶瓷零件不仅不磨损，而且可以减少与丝线之间的摩擦系数。"实际上钓鱼时先要挥舞钓竿让鱼钩飞出去，如果摩擦系数大，丝线滑动阻力大，鱼钩就飞不远。还有一点，现在的金属圈，在钓到大鱼时，因摩擦力大，丝线会"啪"的一下断掉。钓到大鱼时兴奋不已，但偏偏在此关键时刻线断了，多扫兴！

为什么线会断，因为钓到大鱼时，线上突然产生很大的张力，线与圈上压力大增，这么拉着，摩擦生热，就把天蚕丝的钓鱼线熔化了，线瞬间断裂。

渔具企业的领导人听了这位营业员的话就同意试试。先用原来的金属圈，加上负荷用力拉，果然钓鱼线发热断裂；然后换上陶瓷圈，一点问题没有，非常理想。

"就是它了！"渔具企业领导人一锤定音。附带陶瓷导向圈的钓鱼竿在钓鱼比赛中大获全胜，渔具企业更加信服了。从此这家渔具企业决定立即采用陶瓷导向圈。

这一新产品对萧条期京瓷的订单、销售额的扩大作出了很大的贡献,而且效益继续扩大。现在凡是高级钓鱼竿,全都用上了陶瓷导向圈,普及到了全世界,而且价格并不高。这一产品直到现在每个月仍要销售500万个,对京瓷持续发展作出了贡献。

这个例子说明萧条期开发新产品,并不是手忙脚乱去开发全新的东西,利用自己过去做过的东西去唤起新的需求是完全可能的。在自己公司的技术、产品的延长线上开发出新产品,这是在萧条期应该努力去做的。

开发太阳能

1973年的第一次石油冲击震撼了全世界。世界范围内能源将会枯竭,全世界都发出了"应该开发新的可替代能源"的呼声。首先是太阳能发电,然后是风力发电、海洋温差发电等等,大家从技术的可能性上议论探讨。当时稻盛认为,如果开发太阳能电池,凭京瓷的技术应该能做。

于是稻盛向当时松下和夏普的领导人提出:"我们是否可以成立一个合资企业,共同进行研究开发?"他们立即表示同意。合资企业"日本太阳能株式会社"(JSEC)于1975年成立,京瓷占51%股份,除松下、夏普外还有两家美国公司出资。当时太阳能电池的成本,相当于普通电池的100倍,只有在宇宙开发和孤岛灯塔上用得起。

公司成立后，开始时因为京瓷在这方面没有任何技术积累，研究很难有所进展。

稻盛于繁忙之中经常抽出时间，提着威士忌来看望技术开发人员，一边饮酒，一边对技术员们说："要目不转睛、死死盯住硅结晶的全过程。大家身上散发出的热气变成水蒸气升到屋顶，然后变成水珠滴下来。缺乏如此程度的热情，开发难以突破。"

起初将融化的硅提炼成单结晶的丝带状，经过一年半的努力，开发出可批量提炼的装置，丝带可拉达 10 米以上。1979 年受"日本电力"的委托，在南美秘鲁的深山中，作为微波通信中转站的电源，设置了八千瓦的太阳能电池板。技术上有了进步，但关键的成本却下不来。产品提炼时间长、效率低，因结晶表面缺陷，次品率很高。JSEC 持续亏本。

当时石油冲击的阴影已过去很久，石油已能充足供应，大家对太阳能电池的热情下降，松下和夏普等四家公司萌生退意。但稻盛觉得开发太阳能电池是一个意义深远的事业，它可望拯救石油枯竭时代的人类。当然在这个过程中要克服巨大的困难，事业好不容易开了头，到了这一步，就是京瓷单干也要把研究继续下去。于是京瓷买下了这四家公司的股份。

当京瓷绞尽脑汁反复试验，制造了几十台专用设备，准备进入单结晶硅的批量生产时，稻盛获得了德国华可公司的信息："用多晶硅的铸块做基板成本低、效率高，用它制造太阳能电池值得一试。"经调查，用这种方法可以做出转换效率较高的太阳能电池。稻盛知道后当即决断按德国的办法做。

已经做好的几十台专用设备全部报废，然后特地赶赴德国，购买了一台多晶硅铸造炉，开始自己制造多晶硅铸块，由此着手太阳能电池的批量生产。

这次获得了圆满成功，比较单晶硅，成本大幅下降。直到今天，制造太阳能电池仍靠这项技术，多晶硅太阳能电池成为全世界太阳能电池的主流。

稻盛说:"在下决心变换制造方法时,如果我判断错误,或许会动摇京瓷的经营基础。这时,也是神奇的思想闪光起了作用,让我确信新方法能获成功。当能源供需矛盾缓和,别的公司纷纷撤退时,我们仍然贯彻初衷,坚持不懈地努力。因为我们是从对世界能源问题作出贡献这个善良的动机出发的。我想,我们这种诚心和韧性感动了上帝,上帝才赐予我们思想的闪光和成功的机会。"

围绕利用太阳能电池,京瓷还开发了一系列新产品,包括京都贺茂川河畔和岚山公园的路灯、自发光式道路标志、害虫诱杀灯等等。还开发了住宅用太阳能发电系统,京瓷总公司大楼也安装了太阳能电池板。

汽车行业加重了地球环境的负担,但丰田开发了减少污染的混合动力车,制造这种汽车的丰田爱知县工厂的屋顶上铺设了京瓷生产的太阳能电池,这家汽车装配厂一半的电力通过太阳能发电来提供。在环保的工厂里生产环保的汽车,一个新时代将要到来。

世界上还有许多偏僻的村落没有通电。京瓷向中国甘肃和巴基斯坦一个山村赠送太阳能发电设备，稻盛亲临现场，受到热情欢迎。利用这种设备，晚上能点灯，能听广播，丰富了村民们的生活，稻盛非常高兴。后来京瓷又通过ODA（日本政府开发援助）向亚洲、非洲、大洋洲、南美洲等电力不通的地区提供了帮助。

除了太阳能电池外，京瓷还开发制造家庭用太阳能热水器。京瓷的太阳能部门对扩大整个京瓷的销售已经作出很大贡献，将来这个事业更是大有可为。

京瓷在太阳能领域内研究持续了三十多年，投入了几百亿日元的研究开发费用，太阳能发电引起了全世界的注意。这项事业很符合大义名分，全世界都抱着期待，太阳能发电的商业价值也开始体现出来。看到这里有利可图，现在世界上很多企业都开始做太阳能电池，甚至有点一哄而上的味道。

稻盛说："我们在这个领域摸爬滚打了几十年，后进者似乎得了便宜。但是从积极的角度讲，由于我们长期艰苦的努力，全世界开始觉醒：大家都来重视于地球有益的自然能源的开发,大家都来保护地球环境。这种转变应该值得我们高兴和自豪。"

痛苦证明活着

1972年京瓷开始进入医疗领域。因为人体对金属有排异反应，大阪大学有人建议，不妨用新型陶瓷开发人工牙根、人工骨，来试验一下效果。

能够应用自己年轻时亲自开发的新型陶瓷，为患者服务，为医疗事业作贡献，实在太好了！稻盛先生愉快地接受了这一建议，在大学老师的配合下，首先开发成功人工牙根，并于1978年获厚生省（卫生部）认可。同时开发的人工骨、人工关节后来也获厚生省认可，京瓷在医疗领域的事业顺利进入轨道。

但1985年却发生了一件出人意料的事。

有一整形外科的医生提出要求："京瓷开发的人工陶瓷股关节使用效果极好，接着能不能提供陶瓷膝关节。"京瓷担当者答复说："这要经厚生省认可后才行，请等待。"但对方坚持说："股关节已经获得厚生省认可，膝关节应该没有问题。这是患者的强烈要求，如有问题，保证责任自负。请帮忙，一定要提供！"这种情况下，京瓷有关部门答应提供。

但是，有关药品及医疗器具的《药事法》规定，即使相同材料制成的人工骨、人工关节，只要出现新的形状或尺寸，就必须申请获取个别认可。就是说，人工膝关节在获得厚生省个别认可之前，就已经生产和销售，因此违反了《药事法》。有人写新闻稿投诉，报纸杂志纷纷登载："京瓷在没有得到厚生省批准的情况下，销售陶瓷膝关节赚钱。在人命关天的医疗领域，为做生意而销售未经许可的产品，这样的企业太缺德了。"一贯顺利成长的京瓷第一次遭受社会舆论的非难。

媒体连日把矛头指向京瓷，指责京瓷为赚大钱不惜以病人为诱饵。稻盛多次去厚生省说明解释，并认错道歉。每当此时，媒体的电视摄像机就摆开阵势，稻盛低头道歉的样子连日出现在电视新闻之中。本是应患者的急切要求，出于为患者着想，结果却有违法规，京瓷相关部门受到停业一个月的处分。

稻盛坐立不安，心里非常痛苦。他去拜访了临济宗妙心寺派圆福寺的西片担雪法师。喝着法师泡制的抹茶，稻盛向他倾诉了自己的痛苦和委屈。

老师在了解事情的原委以及稻盛先生的心情后，微笑着说："那是没办法的事！稻盛君，你痛苦，那是因为你还活着。如果你死了的话，就没什么苦恼了。正因为活着才会有苦恼，这不是件好事吗？"

本想期待老师的宽慰，但老师这么一句话，就将他多日的苦恼一带而过，稻盛先生觉得有点意外，似乎难以接受。

但是老师接下来的一句话却让稻盛先生茅塞顿开："你现在倒霉，这是你过去犯下的罪孽所致，这是一种因果报应，如果这种报应严重到要剥夺你的性命，那么，你的人生就算告一段落了，但是，稻盛君，你不是还活得好好的吗？京瓷也还是一派繁荣景象。因为人工膝关节的问题，你受到了严厉的批判，你感到痛苦和烦恼。但是，灾难发生时，过去、包括前世作的孽也随之消失。孽消了，该高兴啊！前世作的是什么孽无法知道，但是这种程度的挫折就将以往的错误一笔勾销的话，稻盛君，应该准备红豆饭庆祝一番才对啊！来来来，把酒斟满，让我们一起干杯！"

　　稻盛先生把西片老师这一"最珍贵的教导"铭记于心，并因此把来自社会的批评指责看作"上苍给予的考验"。这么一想，苦闷也就烟消云散了，"利他"的信念更加坚定了。

赴美查账

京瓷上市时，要聘请一位有声望的公证会计师宫村久治先生当财务监察。宫村以为像京瓷这样高速发展的风险企业在管理上难免有问题，何况经营者是理工科出身的技术员，不懂财务，业务还迅速扩张到海外，而上市公司的财务监察负有法律责任，因此他并没有爽快地接受。他打电话给稻盛说："你们委托我，但我先要看看你是一个怎样的经营者，然后再决定是不是接受委托。花钱请我监察，不等于我不能提出异议。你们希望委托我，我表示感谢。但我是否接受委托，我还要了解委托方的人品后才能作决定。"

见面后他说得更不客气："有些经营者总会对会计师

提些非分的要求——'这点问题就不要计较了''不要太刻板''这就行了'等等。我决不同这样的经营者打交道。经营者必须光明正大，必须以正确的方式做正确的事。否则我不接受监察任务。你同意吗？"

稻盛立即答应："很好。我的人生观同你一样，我决不提非分的要求。"

不料，他又说："人人都这么说。企业形势好时，说得很好听；一旦经营出了问题，苗头不好时，就会向我提要求。凡是人都这样，顺利时讲公正，没意见；但形势不好时经营者是不是光明正大，我必须看清楚。"

"这点我保证，不光是形势好时说漂亮话，形势不好时照样按规矩办，我信守这一条，请您相信我。"

宫本总算同意了做京瓷的会计监察。但到公司临上市时，他仍不放心，提出要到离本公司最远的、可能管理不及的京瓷的美国加利福尼亚分公司去考察内部管理。见到京瓷的一位派驻人员也是理工科出身，英语也说不好，却一人担任从营业到财务等多项事务。宫本心想肯定有问题。但核查结果令他吃了一惊,钱、物、账全部一一对应,连保险箱的现金与账册也分毫不差。宫本从此对京瓷刮目相看。

螃蟹打洞

稻盛考虑京瓷上市要与银行合作，就去拜会一家日本大银行的总裁，希望听听他的经营理念，并以此来判断是否同它建立业务关系。

稻盛谈到自己平时经常阅读松下幸之助先生的著作，非常尊敬他，自己也想拥有像他一样的人生观，像他一样工作、经营企业，说了许多自己的想法。

那位银行总裁年轻时就认识松下幸之助先生，所以稻盛想他一定会附和自己，说些有关松下的故事。不料他却说："松下年轻时可任性呢，不像话，胡闹得厉害，哪像你这么少年老成。"话语中带着讥刺。

听了这话，稻盛觉得与这位行长话不投机，决定不跟这家银行开展业务。

稻盛认为，没有人一生下来就具备高尚的人格和卓越的见识，人在年轻时难免有很多缺点，关键是能否在实践中不断提升自己的人格。那位银行总裁对此不感兴趣，因为和他缺乏共同语言，所以稻盛决定不跟他的银行做交易。

稻盛认为"螃蟹只会比照自己的壳的大小挖洞"，企业发展的水平，取决于经营者的品格，也就是经营者"器量"的大小。自己年轻时许多方面都不成熟，也不具备优秀经营者所需要的那种"器量"，但因为有点自知之明，晓得要在实践中自我反省，所以在遇到各种灾难或幸运的过程中，努力提高心性，不断拓展自己的"器量"。稻盛认为经营者雇佣了众多员工，要对他们的生活负责。所以坚持学习，努力工作，不断提高自己的人格，这是经营者应尽的义务。提高心性，涵养品德，连人的相貌和气质也会发生变化。

松下先生晚年时，稻盛获得了与他对谈的机会。名不虚传，松下果然具备高尚的人格，富于真知灼见，不愧为举世罕见的经营者。稻盛认为，松下一定是倾其一生，不断努力扩展自己的"器量"。正因为如此，"松下电器产业"才能发展成为世界屈指可数的高科技企业。

本田宗一郎先生也是如此。本田先生开始时不过是一家汽车修理厂的老板，据说年轻时脾气非常暴躁。现场有人工作马虎，铁拳和扳手马上就会飞过来。他本人公开说过："年轻时为了赚钱才当老板。为什么赚钱呢？就是为了享乐。"每天晚上招来艺妓，喝酒唱歌，喧闹不已。

本田先生功成名遂。他晚年时，稻盛与本田先生、索尼的创立者井深大先生，都被选为瑞典科学院的外国委员，应邀一起参加相关活动。

一个星期左右，稻盛和本田先生、井深大先生一同巡游瑞典各地，同吃同住，切身感受到本田先生的高尚人格。他柔和谦虚，富有同情心，令人难以相信他年轻时的那些轶闻。稻盛认为，不管外界怎么传说，由于本田先生在企业成长过程中不断提升了自己的人格，才能赤手空拳创建"本田技研工业"，并使之发展成世界顶级的汽车工厂。

"和魂洋才"

京瓷早在1969年就在美国圣地亚哥办了一家公司，专门销售京瓷的产品。1971年又买了一家美国半导体公司持有的小型陶瓷厂，开始了当地生产。到后来京瓷在美国的公司发展到六家，光美国员工就有8000多名。

既然企业办在美国，"入乡随俗"，在工资体系、风俗习惯、管理方式上只能是美国式的，或与美国接近，但是在企业经营的根本原则上，在核心的价值观上，仍然坚持日本的、特别是京瓷的理念。这就是所谓"和魂洋才"。

日美企业之间的文化和习惯差异非常之大。比如，美国人只在上班时间内工作，而日本人工作第一、时间第二，要把事情做好才肯下班。日本人凡事追求完美，美国人只要大体不错就行。美国工人根据非常具体的操作规程才能生产，干部也都有明文规定的职责权限，凡事只按上级指示办，决不多管闲事。而日本人很大程度上靠员工的自觉、自主，注重互助协作的团队精神。日本人崇尚谦虚，而美国人张扬个性，往往视谦虚为无能。日本是一个信赖社会，而美国从对人的不信任出发，什么都讲契约。日本人强调集团利益，美国人强调个人利益。美国社长高高在上，而日本即使母公司最高领导人来，也会换上工作服到现场与工人打成一片。

这样就必然发生矛盾和冲突。比如在美国的日本企业里，权力和责任都集中在美籍社长一个人手里，他的工资要等于大学毕业生的20～30倍，这样就远远高于日本母公司社长的工资。下级工资大大高于上级行不通，于是就折中，比日本上司高，但又比美国的行情低。在日本人看来这待遇够高了，但美籍社长认为母公司吝啬，仍不满意。

30多年前，京瓷的一家美国工厂聘用了一位美国人当社长。起初两年企业亏本，第三年转为盈利。稻盛准备像日本一样，发一个月的奖金，因为美国企业没有这种习惯，于是同这位社长商量。稻盛说："至今一直赤字的工厂，因为大家共同努力，总算有了盈余。会计结算后，我想发给大家相当于一个月工资的临时奖金，你看怎样？"

听完稻盛的话，这位社长非常惊奇："这怎么行！一个月的奖金？没有一个员工有这种期待。特别是工人，如果拿到奖金，有一半人第二天就不会来上班，都去玩了，肯定影响生产。"

下面的话就让稻盛更吃惊了："三年来所以扭亏为盈，是社长我努力的结果，这是我的功劳。你既然愿意给所有的员工发一个月的奖金，其中一大半应该给我，我有这个权利。"

在美国，一般工人只是拿规定的工资做规定的事。如何指挥他们，企业如何盈利，那是社长的事，所以功劳也归于社长一人。所谓"一将功成万骨枯"，将军一个人发财，其他人有饭吃就不错了。这种情形在美国相当普遍。

对这位社长，稻盛这么说："美国或许是这样，但我却不这样想。对你的要求，我不打算满足。我认为，领导人为了团体的利益应该不惜自我牺牲。像父母为了子女不厌劳苦一样，领导人为了员工也要勇于自我牺牲。有这种精神才有当领导的资格。牺牲团队的利益来满足个人的利益，这样的领导人与我要求的理想的领导人正好相反。"

稻盛否定了这种过分利己的、金钱至上的美国式的经营风格。这位社长最终不能理解稻盛的哲学，几年后还是辞职了。

后来的一位美籍社长却理解并接受了稻盛的哲学。在一次社长集会上他作了如下发言：

"由于国家和民族的不同，文化也不一样。但在企业经营的哲学上，在人生的基本原则上，归根结底都是相同的。例如不管什么文化，不管什么宗教，在工作上要努力取得成果，要为社会作贡献，要相信宇宙的规律，这些都有普遍性，都是真理。"

"因为文化不同，会产生各种障碍，有时会痛苦，感到挫折。但是，在克服这类情绪的过程中，就会发现不同文化间的纽带。我自己是基督教徒,但在超越宗教差异的精神层面上,我身处京瓷集团却不觉得有什么矛盾之处。当能够共享高层次的哲学、理念、理想时,所有的障碍都能克服。"

这位经营者现已领导着有数千名员工、销售额两三千亿日元的企业。在美国企业界,他的收入不算高,但他却感到很充实,满怀信心带领企业不断发展。

企业跨国婚姻

20世纪70年代初,稻盛先生看出了大容量复合电容器有良好的市场前景,而美国AIRO BOX公司已掌握了这项技术。京瓷决定购买这项技术。在与该公司签订的技术转让合同中规定,京瓷在日本生产这种电容器并在全世界销售,而在日本国内京瓷享有独家销售权。

1974年AIRO BOX公司分成了两家企业,与上述电容器有关的企业叫AVX公司,其负责人巴特拉先生认为上述合同不公平,在很有希望的日本市场,开发了这种技术的美国自己的公司反而无权销售,这对AVX公司非常不利,他写信要求取消上述合同。

双方缔结的合约法律上有效，京瓷也已支付了包括在日本独家销售的转让费用，巴特拉先生的要求及其理由缺乏法律依据，完全可以不予理会。但是，稻盛先生却认为，这个合同虽然在法律上没有问题，但与"作为人，何谓正确"这一原则对照，正如巴特拉先生所言，合同有失公平，对自己京瓷这一方过分有利，应该取消。结果按巴特拉先生要求，删除了有关独家销售的条款。

1989年京瓷收购AVX公司时，稻盛先生早已把上面这件事彻底忘记了。1995年AVX公司总裁罗森先生在当年11月美国《福布斯》杂志的采访录中说，当时巴特拉先生认为原合同有不公平的内容，令人惊奇的是京瓷社长稻盛和夫先生居然也承认这一点，并修改了合同。有人认为京瓷或许因此放弃了巨大的利益，但这种看法忽视了长期效应。其实因为这次修改，两家公司建立了互相信任的关系，这对日后京瓷顺利收购AVX公司发挥了重要的作用。

1989年稻盛先生向时任AVX公司董事长的巴特拉先生提出收购建议，他说："让我们齐心协力，作为电子零部件公司，为全世界高科技产业作出贡献吧。"巴特拉先生爽快地答应了。那么，具体怎样操作呢？

稻盛先生在许多方法中选择了双方互相持股，巴特拉先生立即表示同意。当时在纽约证券交易所 AVX 公司的股价是 20 美元左右，稻盛先生将它提高 50%，评为 30 美元，与在同一交易所上市的京瓷股票（ADR 时值 82 美元）进行交换。将对方股价高评 50%，应该说已经表示了足够的器量。

但巴特拉先生提出 30 美元的价格仍然偏低，要求再增加，希望以 32 美元成交。当时京瓷的美国公司代表郎森社长以及律师都表示反对，他们认为轻易答应这类要求，在今后的交涉中对方会得寸进尺，对京瓷不利。但是，稻盛先生却认为，巴特拉先生要对他的股东负责，他的要求应予理解。于是同意了对方的要求。

然而，1989 年 12 月当双方股票实行交割时，纽约证交所道琼斯指数大幅下跌，京瓷股票也跌了 10 美元，变成了 72 美元。这时巴特拉先生又提出把原定的 82 对 32 的交换条件改为 72 对 32。

此时，连稻盛先生也认为对方要求有点过分。他说，如果是因为京瓷业绩下降引起股票下滑，当然自己应该负责，现在是股市全盘下跌，改变交换比率不恰当。

但巴特拉先生坚持强硬态度，他说："你们讲的固然有理，但我们有众多股东，京瓷股票实际已接近了70美元，再以82美元交换，大家不能接受。"

郎森社长以及律师们坚决反对："是股市全面下挫，我方主张正确，不能妥协。"但是稻盛先生却说，我理解巴特拉先生替股东着想的心情，经过反复试算，确信只要努力，即使以新的比率交换，仍可以使收购取得成功。于是再次接受了不利的变更条件。

稻盛先生认为，他这一系列决断，既不是出于什么算计，也不是感情用事。收购合并是两种文化完全不同的企业合二为一，是企业与企业结婚，应该最大限度为对方考虑。

收购之后，京瓷股票一路上扬，AVX公司的股东获利丰厚，他们的喜悦之情感染了公司员工。一般而言，被收购公司的员工对收购公司总是抱有抵触和不满，但京瓷和AVX却因为稻盛先生接连的高姿态，一开始就能友好相处。

同时，AVX公司很自然地接受了京瓷的经营哲学和管理体制，不到五年，又在纽约证交所再次上市。

AVX公司再上市，使京瓷在1996年3月末通过出售股票获利346亿日元，另外1995年末京瓷实际获利就达1476亿日元。

收购后，AVX公司快速发展，销售额从1989年的4.22亿美元增加到2002年的11.3亿美元，13年增长约2.6倍。

泡沫经济时期，许多日本公司收购了美国公司，但后来不得不纷纷撤退或出售，像京瓷收购AVX公司这样成功的案例几乎没有。

在一次京瓷集团各分公司负责人会议上，巴特拉会长说："在日美关系中没有我们这样成功的先例。这是因为京瓷的经营指导非常正确，我们深表感谢。"事实上在AVX公司30年的历史中也从未有过如此高速发展的时期。

堂吉诃德战风车

　　日本的电信市场自明治维新以来一直由日本电信电话公司（NTT）一家独占，通信费用贵得离谱。1984年，日本政府决定打破垄断，对通信事业实施民营化。但日本的大企业害怕与实力强大的NTT对抗，都按兵不动。

　　稻盛心想，在这关键时刻，京瓷理应挺身而出，为降低国民的通信费用而作出努力，作出贡献。但是，向销售额超过4兆日元①、员工33万名的巨人NTT发动正面的挑战，对于销售额不足0.23兆日元、员工不满1.2万名的京瓷来说，

---

①　1兆日元=1万亿日元

不免显得势单力薄。

稻盛说："有点像堂吉诃德，手持长矛冲向巨型风车。社会舆论都认为，京瓷参与，必败无疑。我的心情也有反复：这种国家性规模的事业，或许真不适合我们京瓷参加吧。

"但是又有相反的念头无法打消：从世界范围来看，日本的长途话费因为垄断贵得出奇，降低长途话费，为民众作贡献，不正符合我的事业目的吗？这样的事由我们京瓷来干，不是最合适不过吗？

"各种矛盾的想法在我头脑里交织，使我十分苦恼。每晚睡觉前，我反复扪心自问：我投身电信事业，真的是为了民众的利益吗？我的动机纯粹吗？不是为了自己赚钱吗？真的没有一点儿私心吗？是想出风头吗？是为了获得喝彩吗？是为了沽名钓誉吗？是为了青史留名吗？我每晚都不停地逼问自己。"

经过整整半年的反复思索，稻盛先生终于认定自己"动机纯，私心无"，"敢向天地神明宣誓，没有一丝杂念"。于是不再犹豫，设立第二电信电话公司（DDI，简称第二电电），积极参与竞争。

稻盛说："在通信领域，我没有知识，没有技术，一无所有。如果我在这个领域内挥动令旗，取得成功，就能证明哲学的威力。仅仅依靠哲学，真的能够成就这么巨大的事业吗？设立DDI，以自己的后半生进行挑战，就是为了证明这一点，证明哲学这个唯一的武器的力量。反过来讲，如果我失败了，就证明仅靠哲学不能经营好企业。"

道理可以这么讲，但是京瓷董事会开会时，董事们异口同声反对。京瓷走到今天这一步不容易，现在发展也很好，日子很好过，何必要到一个陌生的领域去冒这么大的风险呢？弄不好，新事业不成功，还要伤老企业的元气。

但稻盛认为京瓷积累了1500亿日元的自由资金，拿出1000个亿，即使失败，也不会动摇根本。而看美国的情况，只要竞争，通信成本有很大的压缩空间，这中间就有巨大的商业机会。做得好，既能大幅降低民众的通信费用，自己也能获利，而且在良性竞争的条件下，可以推动整个通信事业的健康发展。稻盛虽然是少数，但由于他坚持，力排众议，最后董事会还是通过了要参与通信事业的决议。

当举手通过后，稻盛走到会议桌前，突然跪下磕头着地："拜托大家了。"所有的人都大吃一惊。稻盛懂得人心，虽然大家表面上同意了，但内心仍有疙瘩，并不由衷赞成。这么大的事业，如果没有一帮铁杆派铁了心团结奋斗，肯定要失败。开拓新事业的过程中一定会碰到许多意料之外的困难，难以对付的问题，到时就会有人说风凉话：我一开始就说不行的嘛！

上司在下级面前做出这么一个大动作，所有在场的人不但惊奇而且感动：稻盛没有私心，为了实现自己一种高尚的目标，他居然跪下来恳求大家，这个人未免太可怜了，我们除了全力辅助他，难道还有其他选择吗？

当京瓷参与的决定公布后不久，又有两家公司也宣布参与竞争。

一家是原"国铁"（国有铁路公司）新设的日本 Telecom 公司。另一家是日本最大的汽车公司丰田与日本道路公团共同设立的日本移动通信公司（IDO）。它们可以分别利用铁路沿线和高速公路沿线，铺设光缆，很快形成通信网络。

而第二电电只能自己开辟微波通信网，架设抛物面天线，从基础建设做起。从各项条件来看，不要说同NTT比，就是同其他两家公司比，第二电电也处于绝对劣势。

从第二电电开创时起，稻盛先生就反复对员工强调："我们必须努力，努力降低民众的长途电话话费。""人生只有一次，我们一定要让自己宝贵的人生变得更有意义。""现在的机会百年难遇，我们诚挚地感谢上苍，我们要抓住这天赐的良机。""为了这项事业的成功，即使贡献自己的生命，我也在所不惜。"

第二电电的全体员工都从为民众谋利的纯粹动机出发，从内心深处强烈地渴望成功，全身心投入工作。

开张一年后，条件最差的第二电电取得了最优秀的业绩。电话线路合同数为三家新公司之首。当初的第二电电，后来发展为仅次于NTT的日本第二大通信企业KDDI。

第二电电顺利运行，势必上市。为了回报员工，允许大家以票面额认购原始股。但是作为创业者、会长后来又兼社长的稻盛为了实践自己"私心了无"的初衷,连一股也没有买。后来有人认为企业领导人不持有本企业股票难以理解,在公司上市以后,稻盛才在市场上买了一点,也只是形式而已。

神灵附身

在 DDI 准备开展无线通信事业之前,稻盛已经预言"手机时代即将到来",周围的人都摇头说那不可能。

稻盛先生从京瓷经营的半导体产品中,看到了半导体技术革新的速度,它的尺寸和成本的变迁,从这些经验中推算出手机——一种隐藏着无限可能性的产品——的发展速度,将来的市场普及程度,它的尺寸、价格,使用时的月固定费、通话费,以及通信公司自身的价格设定等等。

就是说在手机时代尚未到来之前,稻盛先生已经清楚地"看见"了手机时代的几乎所有要件。当时的事业本部长,曾将稻盛先生预测的有关价格数据记录在案,到事业正式开始后，与实际价格对照，几乎没有差异。本来产品以及服务的价格，要在考虑市场供需平衡、投资额回收等基础之上，通过复杂细致的成本测算之后才能确定。但在这一切实施之前很久，在稻盛先生的头脑里却已经有了一个清晰的概念，以至那位本部长后来惊奇万分："这太神了，简直是神灵附身！"

稻盛认为，在工作中，在人生中，想要做成某件事，首先要描画它的理想状态，然后把实现它的过程在头脑里思索演练，一直到"看见"它的结果为止。换言之，就是对这件事持续抱有强烈的愿望。

首先敢于设定很高的合格线，然后反复思考推演，在头脑里让理想和现实完全重合。这样做的结果，就可以取得令人满意的、出色的成果。

所以，如果你自己能够描绘成功的过程和情景，那么你的成功概率就极高。闭上眼睛想象成功的景象，如果它在你头脑里能形成清晰的、符合逻辑的印象，那么你就一定能成功，你的愿望一定能实现。

京瓷与丰田

当稻盛的京瓷第一个举手参与，组建成立 DDI 后，丰田联合日本道路公团也成立了一个公司——日本移动通信公司（IDO）。1986 年移动通信开始自由化，但除了 NTT 之外，日本各地区只允许一家参与，以东京为中心的首都圈和以名古屋为中心的中京圈是稻盛的 DDI 和丰田的子公司 IDO 双方必争之地。最后稻盛向丰田作了让步，稻盛说："如果双方都不肯让步，纠缠不休，迟迟不能解决，对移动通信事业在日本的成长发展不利，这就违背了国民的利益。因此我们不能不退一步，主动接受不利的条件，使谈判早日成功。"许多人很不理解，说："把包子最好吃的馅给别人，自己光吃包子皮。"

为了大局，为了国民的利益，为了日本通信事业的健康成长，将有利条件让给竞争对手，这就是稻盛的胸怀。

竞争的结果，稻盛的 DDI 业绩遥遥领先，而一开始条件就有利的丰田子公司 IDO，九年后仍然没有利润。

到了 2000 年稻盛提出 DDI 与丰田的子公司 IDO，以及另一家搞国际通信的 KDD（丰田也是第一大股东）三家合并，成立 KDDI。

合并原因是，DDI 和 IDO 在移动通信领域业务形式完全相同，但全国服务区域处于割据状态，这样就无法与 NTT 展开真正的竞争，所以合并势在必行。但如何合并，是所谓"对等合并"还是"吸收合并"，这是一个非常困难的问题。因为丰田子公司虽然经营不善，但丰田却是巨头。这是一个艰难的判断。所谓对等，就是你占 50%，我也占 50%，权力平均分配，或者轮流执行。稻盛认为所谓对等合并实际上就是合并失败。当时日本有几家银行合并都是所谓"对等合并"，结果合并是合并了，为了争夺内部主导权，争吵不休，影响了经营。

所以稻盛提出的合并方案,不是"对等合并",而是丰田的两个子公司并给稻盛的 DDI,而且丰田在新公司里占的股份要略少于 DDI。所以当时有一种说法叫"稻盛霸权主义"。这一次稻盛当仁不让。上一次是稻盛让步,把东京、名古屋让给了丰田,但这一次他不让步,而要说服对方让步。既然事实证明我比你搞得好,就应该让我来负责,至少先让我试一试,不行再让你来。

稻盛提出,希望由 DDI 主导这次合并。这样做的目的既不是要实行我稻盛的霸权主义,也不是要我们公司的利益优先。为了合并后新公司能顺利运行,我们需要冷静客观地判断,应该让三个公司中经营业绩最好、管理基础最扎实的DDI 掌握主导权。

那么判断的基准放在哪里?不是你丰田或我京瓷的利益或面子,而是看怎么做对社会有利,为消费者提供优质的产品和服务才是企业经营的根本。

如果是这样,合并必须明确经营责任,才能让新公司尽快走上轨道，企业才能长期稳定运行，才能促进公平的市场竞争，才能给客户和社会带来利益。

从这个角度进行客观的判断，最好的结论就是让 DDI 执掌经营主导权。

丰田的总裁奥田硕是一位著名企业家，他一直静听稻盛讲理，最后为稻盛的诚恳和热情所感染，同意了稻盛提出的合并方案。奥田说，搞汽车丰田是内行，但搞通信还是拜托稻盛好。合并后的 KDDI 很快取得了惊人的、飞跃性的发展。

稻盛第一次主动向丰田让步，第二次说服丰田向自己让步。这种决断或者判断的基准就是所谓哲学。虽然他没有用哲学这两个字，但整个过程，包括稻盛所讲的道理中都充满着哲学。

就是说，不是以对自己或自己的公司是否有利，而是以对社会、对世人、对事业是否有利作判断。不是以得失，而是以善恶作为判断基准。

赎罪报恩

稻盛1975年首次访问冲绳时从当地的歌舞表演中感受到，冲绳有一种其他地区所没有的、独特的优秀文化。稻盛受到冲绳风土人情的触动，但是他知道冲绳有一部饱尝辛酸的历史。江户时代，它受到日本萨摩藩的压榨。在第二次世界大战后期，作为本土防卫的前哨，冲绳曾被迫作出重大的牺牲。

对于拥有如此优秀文化的冲绳，萨摩藩却曾经从政治上压迫他们，从经济上剥削他们。稻盛作为一个具有萨摩藩血统的人，有一种负罪感，总想对他们说一声"真的对不起"。同时又有一种赎罪的心理，能不能用某种方式给冲绳以补偿呢？

抱着这种心境，伴随1986年移动通信自由化的进程，除了首都圈和中部圈之外，在北海道、东北、北陆、关西、中国、四国以及九州地区，分别设立了相当于现在的au的赛罗拉电话公司。稻盛特别提出在冲绳也设立单独的电话公司。

本来冲绳并非一个单独的经济圈，它只是九州经济圈的一个部分，在行政上，许多方面它受九州的管辖。本来准备将冲绳的业务置于九州赛罗拉电话公司的管辖之下。但是，由于刚才提及的对冲绳的赎罪心理，同时通过"冲绳恳话会"，稻盛一直在考虑能帮冲绳人做些什么，所以就产生了在冲绳单独设立公司的想法。

因此，在"冲绳恳话会"上稻盛提出了这个建议。他说："我现在正在全国各地设立移动通信公司，因为冲绳很像一个独立的国家，所以我打算不是把冲绳作为九州公司的一个营业地区，而是单独设立冲绳赛罗拉公司。冲绳经济界的各位朋友，你们愿意出资吗？"

建议提出后，冲绳经济界的朋友们都很高兴。他们说："从外地来到冲绳，提出真正替冲绳着想的提案，您是第一位。"以冲绳有代表性的企业为首，许多本地企业都出了资，冲绳赛罗拉电话公司正式成立。40%的股份由冲绳本地持有。

同时公司董事会的组成，除会长和一名董事由第二电电派遣之外，包括社长在内的所有干部都由冲绳本地人担任。

因为公司设立有这样一种背景，所以无论出资者、董事，还是冲绳赛罗拉的员工，人人意气风发。"这是我们的公司！"大家都全力投入经营。

因此，冲绳赛罗拉创业以后快速发展，成为全国唯一一个超越 NTT DoCoMo、当地市场占有率第一的公司，公司业绩也顺利提升。

1997年公司实现了上市。全国赛罗拉电话公司共有8家，但上市的只有冲绳一家。因为公司设立的当初，稻盛就一心希望通过上市，让冲绳本地的人们感到高兴和满意。

现在，稻盛只保留了冲绳赛罗拉的名誉会长一职。就是母体 KDDI，稻盛也已从董事会引退。但冲绳赛罗拉是一个例外，因为冲绳各界恳请稻盛，"无论如何希望稻盛先生保留董事一职"，所以稻盛不辜负大家的期望，仍担任名誉会长一职，不领取任何报酬。

稻盛认为自己没有丝毫个人的打算，从为冲绳本土出力的想法开始创业，公司经过多年经营，给许多人带来了幸福，这是自己最开心的。因为他切身地感受到，从为冲绳人作贡献这一纯粹的、善良的愿望出发，从温柔的关爱之心出发，而这种心情传递到对方，因而诞生了一个全新的、理想的世界。

"京都奖"有感

这是我发表在2007年12月中文版《京瓷报》上的一篇短文，摘录如下：

六年前，我在知道稻盛和稻盛哲学的同时就知道了"京都奖"，并在《稻盛和夫成功方程式》一书中用单独一节专门介绍了"京都奖"。今年11月10日我有幸应邀出席在京都国际会馆召开的第23届"京都奖"颁奖仪式，11月11日我又倾听了三位获奖者的讲演，有了亲身临场的体验和感受。

京都市交响乐团的演奏高雅而雄壮。由具有33年历史的圣母学院小学的孩子们合唱，他们的服饰也精妙绝伦。传递日本传统文化的节目《能·羽衣》华丽而精致。会场的布置，会议的程序，获奖者的感言，现场的气氛，各种细节安排，隆重而且完美。这些同"京都奖"的高尚理念对称而且融合。

日本皇族、"京都奖"名誉总裁高圆宫妃子殿下出席了颁奖仪式和晚宴，德国总统、日本首相发来了贺电，日本各界社会名流以及经济界人士共约1200人出席了会议。

"京都奖"每年一次，每次奖励尖端技术、基础科学、思想艺术领域有杰出贡献的人士各一名，除颁发精美的金质勋章和证书外，每人可获5000万日元（约50万美元，同当时的诺贝尔奖金数额一致）的奖金，曾被称为"亚洲的诺贝尔奖"。稻盛先生用经过千辛万苦获得的个人财产设立稻盛财团，发放巨额奖金，体现了稻盛先生利人利世的美好愿望，表达了稻盛先生为解决人类科学文明的高速发展与人类精神文明相对滞后之间的矛盾助一臂之力的崇高理念。23年来，"京都奖"的影响在逐渐扩大。

然而，"京都奖"在中国很少有人知道。虽然做好事不张扬是东方人的美德，但知名度不高是一个值得正视的问题。科技进步、经济发展与人的精神道德的衰退或停滞，这是当今世界的一个尖锐而深刻的矛盾，"京都奖"的理念、稻盛哲学就是解决这一矛盾的最有力的武器。但因为知道的人太少，这个武器远远没有发挥它应有的威力。

我们应设法更有效地宣传"京都奖"及其理念，宣传稻盛的利他哲学。稻盛哲学超越稻盛先生个人，超越京瓷，超越京都这个城市乃至日本这个国家，稻盛哲学应该成为全人类共同的精神财富。我认为，如果稻盛的利他哲学能在中国、在世界范围内顺利传播并为世人所接受，成为人类的主流价值观，那么人类就能更快地提升自身的素质，人和人、人和自然的关系将更加和谐协调，这个世界将变得更加美好，稻盛先生对于世界的贡献将永远留在人类的史册上。

图书在版编目（CIP）数据

稻盛和夫记 / 曹岫云 著 . —北京：东方出版社，2018.9
ISBN 978-7-5060-9961-5

Ⅰ.①稻… Ⅱ.①曹… Ⅲ.①稻盛和夫（Kazuo,Inamori 1932- ）—生平事迹
Ⅳ.① K833.135.38

中国版本图书馆 CIP 数据核字（2017）第 289212 号

稻盛和夫记
（DAOSHENGHEFU JI）

作　　者：曹岫云
责任编辑：贺　方　王　萌
出　　版：东方出版社
发　　行：人民东方出版传媒有限公司
地　　址：北京市东城区东四十条 113 号
邮　　编：100007
印　　刷：鸿博昊天科技有限公司
版　　次：2018 年 9 月第 1 版
印　　次：2018 年 11 月第 2 次印刷
开　　本：880 毫米 ×1230 毫米　1/32
印　　张：7.75
字　　数：122 千字
书　　号：ISBN 978-7-5060-9961-5
定　　价：36.00 元
发行电话：（010）85924663　85924644　85924641

版权所有，违者必究
如有印装质量问题，我社负责调换，请拨打电话：（010）85924602　85924603